Hamburger Köpfe
Herausgegeben von der ZEIT-Stiftung
Ebelin und Gerd Bu

W0187234

Albert Ballin

Susanne Wiborg

Ellert & Richter Verlag

Inhalt

Vorwort zur 4. Auflage

Im April 1998 fand im Turmsaal des Hamburger Rathauses die alljährliche Frühjahrssitzung der ZEIT-Stiftung Ebelin und Gerd Bucerius statt. An dem Ort, an dem der Stifter Dr. Gerd Bucerius und viele andere bedeutende Hamburger gewirkt haben oder geehrt wurden, trug Kuratoriumsmitglied und Bundeskanzler a. D. Helmut Schmidt seine Idee vor, eine Biographienreihe dem Gedenken an bedeutende Hamburger zu widmen. Politiker, Unternehmer, Wissenschaftler, Architekten und Künstler, die in besonderer Weise mit der Hansestadt in Verbindung gebracht werden, sollten mit einem Lebensbild gewürdigt und wieder mehr ins öffentliche Bewusstsein gerückt werden.

Vorstand und Kuratorium der ZEIT-Stiftung nahmen die Anregung gerne auf. In den folgenden Jahren entwickelte sich aus dieser Idee die Reihe „Hamburger Köpfe“, die im Verlag Ellert und Richter in Hamburg erscheint.

Inzwischen sind 38 Biographien erschienen. Unter ihnen Bände über Amandus Augustus Abendroth, Hans Albers, Johannes Brahms, Ernst Cassirer, Salomon Heine, Heinrich Hertz, Fritz Höger, Eva König, Philipp Otto Runge, Karl Schiller oder Johann Hinrich Wichern. Weitere „Köpfe“ über Gyula Trebitsch, Peter Rühmkorf und andere sind in Vorbereitung.

Unser Ziel, mit der Reihe neben dem Fachpublikum eine breitere Leserschaft anzusprechen, konnten wir erreichen. Zahlreiche Bände waren innerhalb kurzer Zeit vergriffen und mussten neu aufgelegt werden. So auch die Biographie über den Hamburger Reeder Albert Ballin, die nun in vierter Auflage erscheint. Sein Wirken lebt im Konzern Hapag-Lloyd und in dem nach ihm benannten, 2007 eröffneten Museum BallinStadt fort. Das Museum zeigt, wie die oft mittellosen Auswanderer aus ganz Europa in dem von Ballin errichteten Wohnquartier vor ihrer Reise in die Neue Welt untergebracht waren. Es bildet das Gegenstück zum New Yorker Einwanderermuseum Ellis Island.

Die ZEIT-Stiftung Ebelin und Gerd Bucerius dankt allen, die mit Rat und Tat an den „Hamburger Köpfen“ mitwirken. Neben den Autoren sind dies die Mitglieder des wissenschaftlichen Beirats: Dr. Franklin Kopitzsch, Professor emeritus für Sozial- und Wirtschaftsgeschichte an der Universität Hamburg und Leiter der Arbeitsstelle für Hamburgische Geschichte, Professor Dr. Hans-Dieter Loose, ehemaliger Direktor des Staatsarchivs Hamburg, Dr. Dr. h.c. Ernst-Peter Wieckenberg, ehemaliger Cheflektor des Verlags C.H. Beck, und Dr. Theo Sommer, Editor-at-Large bei der ZEIT und Kuratoriumsmitglied der ZEIT-Stiftung Ebelin und Gerd Bucerius. In der Stiftung betreut Frau Christine Neuhaus das Vorhaben, der an dieser Stelle herzlich gedankt sei.

Professor Dr. Michael Göring
Vorsitzender des Vorstands der
ZEIT-Stiftung Ebelin und Gerd Bucerius

„Das Morden ist vorbei!"

Neunter November 1918. Ein unruhiger, ein Revolutionstag. Der Erste Weltkrieg, den Historiker später die „Urkatastrophe des zwanzigsten Jahrhunderts" nennen werden, neigt sich dem Ende zu. Militärisch ist er für das Deutsche Reich verloren. Ein Waffenstillstandsangebot der Alliierten liegt vor. Die Oberste Heeresleitung drängt auf Annahme, doch die Seekriegsleitung will in einer heroischen Geste eigenmächtig die gesamte Hochseeflotte auslaufen und den Kampf mit den Briten suchen lassen. Sie ist bereit, Schiffe und Mannschaften für ein grandioses Finale zu opfern.
Gegen diese sinnlose Entscheidung rebellieren die Matrosen und Heizer seit einigen Tagen. Auf den Kriegsschiffen, dem Stolz Kaiser Wilhelms II., haben sie rote Fahnen gehißt. Sie wollen keinen pathetischen Untergang, sie wollen ein Ende des Krieges, in dem bis jetzt zehn Millionen Soldaten gefallen und doppelt so viele verwundet worden sind. Außerdem sind allein in Deutschland mehr als 750 000 Zivilisten verhungert.
Der Aufstand hat Ende Oktober in Wilhelmshaven begonnen und blitzschnell die anderen Kriegshäfen erreicht. Am 9. November hat die revolutionäre Bewegung, die Teile des geschlagenen Heeres und die Mehrheit der Arbeiterschaft unterstützen, schon auf fast alle deutschen Großstädte übergegriffen. In Berlin strömen riesige Menschenmassen aus den Fabrikvierteln ins Zentrum. „Nieder mit dem Kaiser!" skandieren sie. „Nieder mit dem Krieg!"

Novemberrevolution in Berlin: bewaffnete Arbeiter- und Soldatenräte am Brandenburger Tor

Um zwölf Uhr mittags öffnet der sozialdemokratische Staatssekretär Philipp Scheidemann ein Fenster des Reichstagsgebäudes. Die unübersehbare, wogende Menge unter ihm wird langsam still. In diese Stille, über einem Meer von roten Fahnen, ruft Scheidemann spontan die Republik aus: „Arbeiter und Soldaten", beginnt er, „der unglückselige Krieg ist zu Ende! Das Morden ist vorbei!"

In Berlin zerbricht in diesen dramatischen Stunden das wilhelminische Kaiserreich. In Hamburg dagegen ist es relativ ruhig an dem feuchten, nebligen Sonnabend. Auf dem Dammtorbahnhof weht zwar die rote Fahne, denn seit einem Tag ist die Stadt de facto in den Händen eines Arbeiter- und Soldatenrates. Doch der Senat tagt weiter, immer noch im Rathaus, hinter verschlossenen Türen. Die Revolutionäre stört das nicht. Das Alltagsleben verläuft weitgehend „normal" – soweit das im vierten Kriegsjahr überhaupt möglich ist. Es gibt zwar nichts zu essen, doch die Innenstadt ist belebt, und geschäftstüchtige Händler bieten eilends rote Bändchen an.

An jenem Mittag stirbt in einer Klinik am Mittelweg der Generaldirektor der Hamburg-Amerika Linie, der Hapag, der größten Reederei der Welt. Albert Ballin, 61 Jahre alt, ist bekannt als „der

Freund des Kaisers", berühmt als Souverän des bedeutendsten Unternehmens der Stadt. Doch kaum jemand weiß, daß dieser Mann immer wieder versucht hat, zwischen Deutschland und Großbritannien zu vermitteln. Zehn Jahre hat er sich diskret dafür eingesetzt, den Krieg zu verhindern oder doch wenigstens schnell zu beenden. Wie oft war er in halboffizieller Mission unbemerkt zwischen Hamburg, Berlin und London hin- und hergereist? Wie oft hatte er seine guten Kontakte im Ausland diskret eingesetzt und versucht, den Schaden, den fanatische Militärs, unfähige Politiker und ein törichter Kaiser angerichtet hatten, wenigstens zu begrenzen?

„Gegen die Mächte, die am Werk sind, ist nicht anzukommen", hatte er schließlich einsehen müssen. „Man kann nur resigniert der Entwicklung der furchtbaren Ereignisse zusehen. Ich bin von einer tiefen Melancholie erfaßt, aus der ich mich gar nicht wieder lösen kann."

Ballin ist gescheitert, tragisch gescheitert. Sein Engagement war erfolglos, seine Welt geht unter, sein Land und sein Lebenswerk sind bedroht. Der Hapag-Chef kann und will die Katastrophe, vor der er so lange vergeblich gewarnt hat, nicht überleben. Am Vortag hat er sich in seiner Villa in der Feldbrunnenstraße vergiftet. Am 9. November 1918, um 13.15 Uhr, ist Albert Ballin tot.

Zunächst erfahren nur wenige vom jähen Ende des Reeders. In der nächsten Nacht jedoch, in der sich der Oberste Kriegsherr, Kaiser Wilhelm II., mit seinem Hofzug ins neutrale Holland absetzt, werden an der Elbe die Sonntagszeitungen gedruckt. In großer Aufmachung berichten sie über den Tod des Hapag-Chefs. Der fairste Nachruf findet sich an unerwarteter Stelle: im „Hamburger Echo". Es ist die Zeitung der Sozialdemokratie, der Ballin zeitlebens in tiefer gegenseitiger Abneigung verbunden war.

Nun, im Überschwang dieser siegreichen Revolutionstage, heißt das Blatt „Rote Fahne" – und gedenkt auf der ersten Seite des verstorbenen Klassenfeindes: „Albert Ballin, der sich aus ganz kleinen Anfängen zu dem Allgewaltigen der größten Schiffahrtsgesellschaft der Welt entwickelt hatte, war zweifelsohne eine geniale Persönlichkeit. Handelsherr, Schiffsreeder und Industrieller in einem und im Ganz-Großen, mit weitem Blick, größter Entschlossenheit und nie versiegendem Wagemut. Freilich auch behaftet mit allen Fehlern des großkapitalistischen Selfmademan. Kleinlich und ohne Verständnis und Gefühl für alle Fragen der Arbeiterbewegung. Nur in den allerletzten Monaten hatte sich darin ein gewisser Wandel vollzogen. Aber nicht früh genug, daß sich dieser Wandel irgendwie hätte wirksam zeigen können. Wer seine Lebensgeschichte schreibt, schreibt auch die Geschichte der Hamburg-Amerika Linie und des deutschen Seeimperialismus, auf dessen Entwicklung er bestimmenden Einfluß geübt hat. Daß er schließlich, als dieser Imperialismus das ungeheuerliche Unheil des jetzt zu Ende gehenden Weltkrieges erzeugt hatte, vor einer Brüskierung Amerikas durch den unbeschränkten U-Boot-Krieg warnte, weil er die Folgen voraussah, soll nicht verschwiegen werden."

Der Souverän der Seefahrt: Albert Ballin,
Generaldirektor der Hamburg-Amerikanischen
Packetfahrt-Actien-Gesellschaft, der größten Reederei der Welt. Ölgemälde von Henry L. Geertz.

Ein Mann der Widersprüche

„Ich glaube, Sie und ich sind nie jung gewesen. Dazu gehört Sorglosigkeit – und in dieser Beziehung sind wir beide arg belastet."
Als Albert Ballin im Sommer 1910 den Brief an einen Freund so beendete, stand der Dreiundfünfzigjährige auf dem Gipfel der Macht und des Erfolges. Der Generaldirektor der Hamburg-Amerika Linie, der Hapag, war einer der bewundertsten, beneidetsten und umstrittensten Männer des wilhelminischen Hamburg, des deutschen Kaiserreiches überhaupt. Sein Aufstieg blieb selbst in der Wirtschaftswunderzeit der Belle Époque ohnegleichen: vom dreizehnten Kind eines kleinen jüdischen Auswandereragenten zum „Souverän der Seefahrt", zum ungekrönten König seiner Vaterstadt Hamburg.

„Es gab noch mehrere Selfmademen im wilhelminischen Deutschland, aber keiner stieg aus so ungünstigen Verhältnissen so hoch hinauf", urteilte der berühmte Journalist Theodor Wolff. Keiner auch war dem Wechsel zwischen Schmeichelei und Schmähung zeitlebens, und erst recht nach seinem Tode, derart ausgesetzt. Ballin selber schließlich war alles andere als ein Vertreter des lauen Mittelmaßes.

„Diese geniale Persönlichkeit war eine der bedeutendsten, *wenn nicht die* bedeutendste des wilhelminischen Zeitalters", urteilte Johann Graf Bernstorff, der deutsche Botschafter in Washington. Der zunächst zierliche, dann mit dem üblichen wilhelminischen Embonpoint ausgestattete Hapag-Chef galt als außerordentlich intelligent, als ebenso charmant wie schwierig, als ebenso brillant wie explosiv.

Ballin war ein Mann ausgeprägter, extremer Widersprüche. Sein bester Freund, der Hamburger Privatbankier Max Warburg, drückte es eleganter aus: „Die Fülle von Eigenschaften, die ihm auf den Lebensweg mitgegeben waren, erzeugte in ihm auch viele Konflikte, die er ehrlich durchkämpfte."

„Der mittelgroße Mann mit dem leicht gekräuselten Haar, der den Kopf stets nach vorne gesenkt und etwas schief hielt", meinte der Diplomat Richard von Kühlmann, „war nichts weniger als schön." Dennoch bescheinigte er ihm wie fast alle, die ihn trafen, große persönliche Anziehungskraft: „Die Natur hatte ihm aber eine sehr gewinnende Stimme verliehen. Diese Stimme, verbunden mit einer maßvollen Ruhe des Seins und des Sprechens und mit einem stets durchleuchtenden Anschein von Güte, verlieh ihm etwas sehr Überzeugendes."

„Er war sehr klein, und sein von unzähligen Falten durchfurchtes Gesicht schien wie aus Gummi gebildet, so daß es beim ersten Eindruck beinahe komisch wirkte", schilderte der Berliner Bankier Carl Fürstenberg. „Man mußte die wundervollen Augen dieses Menschen gesehen haben, um zu fühlen, in welchem Maße sich hier Güte und Liebenswürdigkeit, Scharfsinn und Verschmitztheit zusammenfanden. Dieses merkwürdige Männchen hatte den Charme einer Frau, und, was noch merkwürdiger erscheinen mag, die Sensibilität einer Frau. Ich habe mit ihm in dieser Beziehung Dinge erlebt, die man jedem anderen verübelt hätte. Die hochgradige Empfindsamkeit eines Menschen, der mitten im Lebenskampf stand, sollte sich später bitter rächen und hat zu seinem tragischen Ende wahrscheinlich nicht wenig beigetragen."

Zunächst aber trug genau diese ungewöhnliche Sensibilität, ein seismographisches Gespür für kommende Entwicklungen, entscheidend zu Ballins – und der Hapag – kometenhafter Karriere bei. Er war, „begabt mit geradezu seherischer Kraft und großer Phantasie", ein Unternehmer mit Erfolgen, die ihresgleichen suchten – und immer wieder gepeinigt von Angst und Depression, von Melancholie und Zynismus. Ein pragmatischer Visionär. Hamburger durch und durch, aber in seiner Heimatstadt immer ein Fremder. Ein glänzender und erfolgreicher Diplomat, der unter der Vorstellung litt, nahezu jeder seiner Gesprächspartner sei Antisemit. Jude nicht aus Frömmigkeit, sondern vor allem aus

Stolz, doch den Juden zu deutsch und von ihnen gern als „Kaiserjude“ verspottet. Ein glühender deutscher Patriot, doch den Deutschen viel zu international. Ein Weltbürger, der „in Kontinenten dachte“ – und dem Ausland ein Symbol wilhelminischen Vormachtstrebens.

Der Hamburger galt als „Freund des Kaisers“, war Generaldirektor der expansiven größten Reederei der Welt und gleichzeitig engagierter Kritiker des deutschen Chauvinismus – eines Chauvinismus, dem auch die Erfolge der Hapag immer mehr Auftrieb verliehen. Die Gesellschaft hatte britischen Wettbewerbern mehr Marktanteile abgenommen, Großbritanniens Dominanz in der Handelsschiffahrt mehr geschmälert als irgend jemand sonst, und dennoch war ihr Chef „in London zu Hause“, hoch angesehen, sogar beliebt, und gerade bei der britischen Konkurrenz als Schiedsrichter gefragt.

Ballin war der optimistische, strahlende Erfolgsmanager, der das Unmögliche aus eigener Kraft möglich gemacht hatte, dem, wie Wolff meinte, „viel verliehen und alles geglückt“ war. Der aber schließlich, auf dem Höhepunkt seiner Karriere, mit Entsetzten erkennen mußte, daß er sich getäuscht hatte. Daß er in den ganz großen Fragen über keinerlei Einfluß verfügte, daß der Rat eines Kaufmanns, eines Juden zumal, bei schicksalhaften Entscheidungen nicht gefragt war und nichts galt. Ballin zerbrach am Unglück seiner Heimat und am Untergang seines Lebenswerkes und schied in einem Moment tiefster Verzweiflung aus dem Leben.

Dieser kosmopolitische Deutsche jüdischen Glaubens, der Topmanager, der mit dem Kaiserreich starb, verkörperte wie kaum jemand sonst die Zwiespältigkeit seines Vaterlandes, seiner Gesellschaftsschicht und seiner Epoche: den steilen, nie für möglich gehaltenen Aufstieg, den blendenden Erfolg, die untergründigen Zweifel und schließlich das schreckliche Ende. Es war eine deutsche, eine jüdische – und es war vor allem anderen eine hamburgische Karriere.

„Nicht Sie, junger Mann, sondern den Inhaber der Firma …“

„Ballin wurzelte, so tief und fest Wurzeln in einem Boden haften können, in Hamburg, wo er geboren war“, urteilte Theodor Wolff, Chefredakteur des renommierten „Berliner Tageblatt“ und enger Freund des Reeders. Das war kein Wunder: Ballins Heimat war der Hamburger Hafen, aufgewachsen war er direkt an „der Schiffe Mastenwald“. Trotzdem hatte seine Karriere in der denkbar aussichtslosesten Position begonnen.

Sorglosigkeit war ein Luxus gewesen, den sich seine große Familie nicht einmal für ihre Kinder hatte leisten können. Am 15. August 1857 wurde am Stubbenhuk 17, in einer kleinen Gasse einen Steinwurf vom Wasser entfernt, das dreizehnte und letzte Kind des dänisch-jüdischen Kaufmanns Samuel Joel Ballin geboren: Albert. Die Familie war seit Jahrhunderten in Norddeutschland und Dänemark ansässig. Alberts Vater war aus Jütland eingewandert, seine Mutter Amalia entstammte der seit Generationen in Altona lebenden Kaufmanns- und Rabbinerfamilie Meyer.

Samuel Joel Ballin, 1804 in Horsens geboren, hatte erstaunlich viel erreicht in seinem Leben – und viel verloren. Obwohl er als ungebildeter Jude im Hamburg des 19. Jahrhunderts zahllosen Restriktionen ausgesetzt war, war es ihm gelungen, in Billwerder eine moderne, industriell arbeitende Tuchfärberei aufzubauen. Der Große Brand von 1842 und die folgende Handelskrise jedoch ruinierten ihn wie viele andere, und den Rest seines Lebens arbei-

tete Ballin hart, um alle Schulden aus dem geschäftlichen Zusammenbruch zu tilgen.
1852 gründete er direkt am Wasser, am Baumwall 6, wo die Familie später auch wohnte, die kleine Auswandereragentur Morris & Co. Passageagenten galten damals als gewissenlose Geschäftemacher, mit denen sich seriöse Reedereien möglichst nicht die Finger schmutzig machten – selbst dann nicht, wenn ihre eigenen Methoden kaum zimperlicher waren. „Abschaum der Menschheit" nannte sie ein Direktor des stolzen Norddeutschen Lloyd aus Bremen, und wirklich gab es unter ihnen viele üble Existenzen. Sie wurden dafür bezahlt, daß sie Auswanderer für die Linienschiffe anwarben. Um ihr Kopfgeld schnell kassieren zu können, lockten sie die ahnungslosen Passagiere so früh wie möglich in die fremden Hafenstädte. Dort verloren die Emigranten oft den größten Teil ihrer Habe schon auf dem alten Kontinent an raffgierige Gastwirte, gerissene Prostituierte und routinierte Betrüger. Vor allem St. Pauli war als einschlägig bekannte Auswandererfalle berüchtigt.

„Nie jung gewesen" und nie sorglos:
Albert, das dreizehnte Kind, als Achtjähriger

Als Samuel Joel Ballin 1874 plötzlich starb, war sein jüngster Sohn gerade 17 Jahre alt. Falls Albert, geboren während der ersten Weltwirtschaftskrise, die Hamburg schwer in Mitleidenschaft zog, aufgewachsen in einer Familie am Rande des finanziellen Abgrunds, jemals so etwas wie eine unbeschwerte Jugend genossen hatte, so war die jetzt vorbei. Er mußte, zusammen mit einem älteren Bruder, die Leitung von Morris & Co. übernehmen. Damit erbte er gleichzeitig die Verpflichtung, Mutter und Schwestern zu unterhalten. Der Jugendliche hatte diese Last allein zu tragen, denn der ältere Bruder dachte nicht daran, zugunsten des unsicheren Familiengeschäfts seinen seriösen und einträglichen Beruf als Fondsmakler aufzugeben.

Es war nicht gerade ein angesehenes Metier, das der junge Mann nun betreiben sollte, und irgendeine Ausbildung hatte er auch nie genossen. Wenige, ohne Engagement absolvierte Jahre jüdischer Volksschule, „beachtenswerte Leistungen" im Cellospiel und Schularbeiten im väterlichen Kontor – mit diesen Kenntnissen begann er nun, die Agentur zu leiten. Sie schien kaum Zukunft zu haben, zumal eben die Auswanderung wegen der Depression stark zurückging. Mit zwanzig wurde Albert Ballin Associé, einen Tag nach seinem zweiundzwanzigsten Geburtstag Mitinhaber von Morris & Co. Über seine ersten Berufsjahre ist nichts überliefert. Nur eines war auffallend: der plötzliche Erfolg des bisher unbedeutenden Unternehmens.

Morris & Co. besaß eine Konzession für die Vermittlung von Auswanderern aus Schleswig-Holstein, Mecklenburg und dem Ausland. Das Unternehmen warb sie an und organisierte ihren Transport nach Großbritannien. Von dort reisten sie mit britischen Schiffen in die Vereinigten Staaten weiter. Diese sogenannte indirekte Auswanderung, ein Markt, um den in Hamburg etwa ein Dutzend unabhängige Agenturen kämpfte, war den etablierten Reedereien ein Ärgernis. Freilich eines, das sie sich selbst geschaffen hatten.

Ursprünglich hatten die Passageagenten die Schiffskarten für ihre Kunden bei Hamburger Linien gekauft, in erster Linie bei der Hamburg-Amerikanischen Packetfahrt-Actien-Gesellschaft, der Hapag, der 1847 gegründeten bedeutendsten Reederei der Stadt. Da die Agenten sich aber nicht vorher festlegten, sondern immer dort buchten, wo es gerade am günstigsten war, versuchten die Reedereien, den lukrativen Markt völlig unter eigene Kontrolle zu bringen. Sie stellten seit 1850 Auswanderer vor die Wahl, ihre Schiffskarten entweder bei Reedereiagenten zu kaufen oder zu Hause zu bleiben. Als Kunden unabhängiger Agenten bekamen sie bei etablierten Hamburger Linien, vor allem bei der Hapag, keine Passage mehr. Die Unabhängigen fanden für sich und ihre Kunden jedoch prompt einen Ausweg: Sie begannen, Überfahrten bei britischen Linien zu buchen. Die holten ihre Passagiere mit Zubringerschiffen in Hamburg ab, und alles in allem wurde die Reise dadurch sogar schneller und billiger.

Ballin begleitete seinen Kunden oft bis Großbritannien und hielt sich dort längere Zeit auf. Seine Kenntnis der britischen Schifffahrtsszene und des Passagegeschäfts waren bald so exzellent wie sein Englisch, das er, ebenso wie Mathematik, in Privatstunden immer weiter verbesserte. Die britischen Reeder lernten ihren jugendlichen Geschäftspartner schätzen – nach anfänglichem Befremden allerdings. „Ich wünsche nicht Sie zu sprechen, junger Mann, sondern den Inhaber der Firma“, hatte man den Chef von Morris & Co. zunächst immer wieder beschieden. Bald aber begann sich Ballins unermüdliches Engagement auszuzahlen.

Doch sein Metier hatte keine Zukunft. Mit den immer größer werdenden Dampfern ließen sich immer mehr Menschen immer schneller und zu immer niedrigeren Raten direkt in die Vereinigten Staaten befördern. Damit lag der Vorteil auf Seiten der Reedereien, und Unternehmen wie Morris & Co. waren zum Untergang verurteilt.

Da die Etablierten keine Geschäfte mit unabhängigen Passageagenten machten, mußte Ballin in ihre Domäne einbrechen, wenn er ernsthaft wahrgenommen werden wollte. Er tat es mit einer furiosen Attacke. Er wollte nicht nur überleben, er wollte gewinnen. So begann der junge Mann entschlossen und zielstrebig, auf einem Terrain zu wildern, das die Hapag für ihr angestammtes Revier hielt.

Edward Carr, ein Neffe des Reeders Sloman, besaß zwei Dampfer, die er eigentlich als Frachtschiffe einsetzen wollte. Ballin schlug ihm 1881, als nach brutalen Pogromen die jüdische Auswanderung aus Rußland sprunghaft anstieg, vor, ihre Laderäume für den Massentransport von Menschen herzurichten. Seine Agentur verpflichtete sich im Gegenzug, die Kunden anzuwerben. Für die drangvolle Enge unter Deck wurde den Passagieren ein Ausgleich gewährt: Sie durften sich erstmals auf dem ganzen Schiff frei bewegen, ein Privileg, das sonst allein den Kajütspassagieren vorbehalten war. Durch Verzicht auf kostspielige Kajü-

Ein respektloser Nobody als gefährlicher Herausforderer der Hapag, 1882. Daß sich der fünfundzwanzigjährige Ballin von M. Graupenstein porträtieren ließ, dürfte auch einen privaten Grund gehabt haben: Im Jahr darauf hat er geheiratet.

tenklassen konnten Carr und Ballin zudem Passagen außerordentlich günstig anbieten.
Die meisten Emigranten mußten sehr scharf rechnen. Wenn die Bedingungen auch nur einigermaßen erträglich waren, zogen sie darum eine billige Überfahrt allemal vor. So hatten die Partner Erfolg von Anfang an. Schon im zweiten Jahr mußte Carr vier neue Schiffe kaufen, um die 11 000 angemeldeten Passagiere befördern zu können. Auch diese Dampfer waren sofort ausgebucht. Das war ein Frontalangriff auf die Hapag, und er kam im rechten Moment. Die Packetfahrt nämlich hatte Schlagseite. Das Unternehmen wurde seit 1880, seit dem Rücktritt des ersten Direktors Adolph Godeffroy, von einer Gruppe hochangesehener Hanseaten sozusagen nebenberuflich geführt. Die Herren engagierten sich weit mehr für ihre eigenen Häuser als für die Reederei, und überdies waren sie alle reichlich alt – zu alt, wie Kritiker immer lauter bemerkten. Sie repräsentierten ein „in den Angeln knarrendes Hanseatentum“, wie die „Weltbühne“ später spottete. Strikt weigerte man sich, dem nachzugeben, was man für ungesunden Zeitgeist hielt, und etwa so moderne Schnelldampfer zu bauen wie die Rivalen aus Bremen.
Der Hapag fehlten Führung, Weitsicht und Energie, ganz im Gegensatz zur schärfsten Konkurrenz, dem Norddeutschen Lloyd aus Bremen. Der war eben dabei, mit hochmodernen Schnelldampfern an die Spitze der Weltschiffahrt vorzustoßen. Der Schiffspark der Hamburger dagegen war ebenso aufgebläht und überaltert wie ihr Direktorium. Das letzte, was sie jetzt noch gebrauchen konnten, war ein respektloser Rivale in der eigenen Stadt. Nun sah man sich unversehens gezwungen, sich vom Mai 1882 an auf einen ruinösen „Ratenkrieg“ mit den Preisbrechern Carr und Ballin einzulassen, in den nach und nach alle europäischen Reedereien hineingezogen wurden.
Der Kampf wurde verbissen, bar jeder Fairneß und mit allen Mitteln ausgetragen. Die Legende berichtet, im Schutze der Dunkelheit habe Albert Ballin Hapag-Plakate abgerissen und solche seiner eigenen Firma am Hauptquartier der Konkurrenz in der Deichstraße angebracht. Die Packetfahrt geriet rasch in erhebliche Schwierigkeiten. Bald konnte sie den Mitbewerber, der im Vergleich zu ihr ein Zwerg war, nicht mehr übersehen.
Das Direktorium hoffte dennoch, das Problem allein durch beharrliches Aussitzen lösen zu können. Die Aktionäre hielten

still, solange Dividenden gezahlt wurden. Ballin und Carr konnten durchhalten, weil ihre Schiffe auch noch über reichlich Laderaum verfügten. Da die Verhandlungen nicht von der Stelle kamen, bediente sich Ballin im Frühjahr 1885 einer damals ganz neuartigen Taktik: gezielter Öffentlichkeitsarbeit. Er wandte sich an die Presse. „Ich war in den letzten Tagen außerordentlich erschöpft infolge Verhandlungen mit der Packetfahrt", schrieb der Siebenundzwanzigjährige darüber an seinen Bruder. „Leider hat sie dieselben infolge ihrer unerhörten Halsstarrigkeit wieder umgestoßen. Wir haben die Geschichte nun mal an die Öffentlichkeit gebracht, indem Herr Carr den von mir an die Packetfahrt geschriebenen Brief publizierte. Du ersiehst aus dem ‚Correspondent', den ich Dir unter Kreuzband schicke, das Nähere. Auch findest Du darin unser Inserat, mittels welchem wir bekanntgeben, daß wir den Preis auf sechzig Mark geworfen haben. Du kannst Dir denken, daß bei solchen Preisen kein Nutzen mehr ist. Aber für die Packetfahrt sind sie geradezu ruinierend. Auf jeden Fall ist es ein recht unleidlicher Zustand."

Der wurde unerträglich, als 1886 Carr mit dem Reeder Sloman, dem Erzrivalen der Hapag, zur „Union-Linie" fusionierte. Die kündigte zusammen mit Morris & Co. an, sie werde bald wöchentlich einen Dampfer nach New York expedieren. Der Hapag blieb nicht mehr viel Zeit, um darauf zu reagieren.

Diesmal jedoch reagierte sie, denn sie hatte eine neue Führung. Auf einer außerordentlichen Generalversammlung waren die gereizten Aktionäre 1885 zur offenen Rebellion übergegangen – hieß es doch inzwischen an der Börse, die Gesellschaft sei „fünf Minuten vorm Absaufen". Der Vorstand wurde derart vehement attackiert, daß er zurücktrat. Die Nachfolger nahmen sich der drängenden Probleme endlich an – in letzter Minute.

Die Hapag ging nun auf Ballins Vorschlag ein, die Gesellschaften zusammenzulegen und eine eigene Passageabteilung für beide zu schaffen. Chef dieser Abteilung wurde der neunundzwanzigjährige Albert Ballin. Im Mai 1886 trat er zusammen mit einigen Vertrauten in die Hapag ein – ein siegreicher, mit Mißtrauen betrachteter Usurpator. Ohne den brennend ehrgeizigen jungen Mann aus dem Hafenviertel hätte die Geschichte der Hamburg-Amerikanischen Packetfahrt-Actien-Gesellschaft wohl kaum mehr als 40 Jahre gedauert. Mit ihm und vor allem durch ihn wurde sie nun zu einer glänzenden Erfolgsstory.

„Zweck der Gesellschaft ist der Betrieb von Schiffen, nicht die Verteilung von Dividenden!"

Zwei Jahre später war Albert Ballin der jüngste Direktor der Hapag. Der Einunddreißigjährige hatte die Bastion des hanseatischen Establishments im Handstreich erobert. Was dieser Aufstieg damals bedeutete, ist heute kaum noch nachzuvollziehen. Im 19. Jahrhundert, der Schriftsteller Stefan Zweig nannte es „das goldene Zeitalter der Sicherheit", galt ein Mann erst dann als vertrauenswürdig, wenn er Bauch und Bart hatte, also sichtbar gesetzt und möglichst älter als 50 war. Andernfalls lief er Gefahr, als „unzuverlässiger junger Kerl" abgetan zu werden, „nicht reif genug" für verantwortungsvolle Posten.

Mochte die Hansestadt Hamburg auch nicht ganz so verbohrt sein wie die, die in der K.-u.-K.-Monarchie in Wien das Sagen hatten – auch an der Elbe galt die Erfahrung alles. Ersetzt werden konnte sie allenfalls durch die Herkunft aus „guter Familie". Ballin war außerordentlich jung. Er kam nicht aus „guter Familie", war nicht gesetzt, sondern sehr lebhaft und geradezu unhamburgisch temperamentvoll, war weder vermögend noch gebildet, hatte einen anrüchigen Beruf – und war obendrein auch noch Jude.

Dennoch reüssierte Ballin von Anfang an. Es spricht für seine erstaunlichen Fähigkeiten ebenso wie für die verzweifelte Lage der Hapag, daß sie den neueingestellten Außenseiter so schnell zum Direktor machte und jeden seiner Vorschläge aufgriff. Das zahlte sich aus. Schon kurze Zeit nach Ballins Eintritt war die

Hamburg-Amerikanische Packetfahrt-Actien-Gesellschaft kaum noch wiederzuerkennen. Hatte es vorher weder Engagement noch Energie gegeben, so besaß der neue Mann beides im Überfluß. Es dauerte nur kurze Zeit, da hatte er mit einigen Vertrauten das marode Unternehmen fit gemacht für große Aufgaben. Wen das Charisma und die Zielstrebigkeit des jungen Direktors nicht mitrissen, der lernte seinen Jähzorn fürchten. Die Kollegen, die zunächst eher der Not gehorchend nachgegeben hatten, änderten ihre Meinung sehr schnell: Die Hapag verzeichnete nach Jahren der Stagnation plötzlich wieder erfreuliche Gewinne. Und in Bremen hatte man unversehens feststellen müssen: „Die Zeiten, in denen es für den Norddeutschen Lloyd einen ebenbürtigen Mitbewerber nicht gab, sind vorbei.“
Geholfen haben Ballin wohl auch seine Umgänglichkeit, sein Humor und nicht zuletzt sein perfektes Plattdeutsch. Er gewann schnell Vertrauen und Freundschaft von Carl Laeisz, dem maßgeblichen Mann im Hapag-Aufsichtsrat. „Korl“, wie der backenbärtige Sohn des Hapag-Mitbegründers Ferdinand Laeisz genannt wurde, war Inhaber der größten Segelschiff-Reederei der Welt. Er galt als unzugänglich für Leute, die er nicht mochte, egal, wie wichtig sie waren. Laeisz war ein eher rustikaler Typ und für seine plattdeutsche Grobheit ebenso berüchtigt wie für seinen ausgeprägten Geschäftssinn. Mit Ballin aber verstand er sich blendend, und so unterstützte er den jungen Mann auch, als der eine Erhöhung des Gesellschaftskapitals und große Investitionen, etwa in ein modernes Geschäftshaus, forderte.
Nur einmal gerieten die beiden hart aneinander. Da hielt es der neue Direktor für geboten, sich auch der Aktionäre etwas mehr anzunehmen und drängte auf höhere Dividendenzahlungen. Doch Laeisz hielt nichts von Shareholder Value. Er lehnte energisch ab. Das erlaube der finanzielle Zustand der Gesellschaft noch nicht. Ballin setzte dem Älteren immer wieder zu, doch Laeisz blieb bei seinem Veto. Als der Benjamin des Direktoriums dennoch einen neuen Vorstoß unternahm, knurrte ihn „Korl“ schließlich an: „Sehr geehrter Herr Ballin, nach Paragraph eins unserer Statuten ist der Zweck dieser Gesellschaft der Betrieb von Schiffen, nicht die Verteilung von Dividenden!“
Die Aktionäre bekamen nicht mehr Geld, die Hapag dafür moderne Schiffe. Laeisz' Ausspruch ging in die Lokalgeschichte ein. Ballin revanchierte sich auf seine Weise, und das gleich doppelt.

Legendäre Absage an Shareholder Value: Carl Laeisz (1828–1901) war als Segelschiff-Reeder wie als Hapag-Aufsichtsrat gleichermaßen sparsam. 1894 ließ Ballin dieses Ölbild mit dem demütigen, barhäuptigen Aktionär malen und schenkte es „Korl“ zum Geburtstag.

Er engagierte zunächst einen Maler, ließ ein Porträt anfertigen, auf dem Carl Laeisz einen demütigen, geduckten Aktionär mit diesen Worten anfaucht – und verehrte es dem Kontrahenten zum Geburtstag. Später dann führte er die Hapag derart erfolgreich, daß die Aktionäre regelmäßig Rekorddividenden einstreichen konnten.

Deutsche Wertarbeit

Ende Mai 1886 hatte Ballin erstmals an einer Direktionssitzung teilgenommen, und er schlug vor, eine direkte Linie von Stettin über Göteborg nach New York einzurichten. Die Hapag brauchte, so seine Meinung, ein Kompensationsobjekt, um dem wachsenden Einfluß britischer Linien in Hamburg entgegenzutreten. Die nämlich drohten, einen großen Teil des lukrativen Zwischendecksverkehrs auf ihre Schiffe zu lenken. Griffe man die Konkurrenz auf der Skandinavien-Route an, so rechnete Ballin den Kollegen vor, werde sie sich in Hamburg eher zu Zugeständnissen bereit finden. Notfalls müsse die Hapag eben auch Zwischendeckspassagiere direkt in Großbritannien anwerben.

Die Skandinavien-Linie wurde tatsächlich eröffnet, kurz darauf verhandelte Ballin in Großbritannien, und man einigte sich wunschgemäß. Die Briten gaben in Hamburg nach, die Hapag stellte die „Kompensationslinie“ wieder ein und gestand den Konkurrenten außerdem einen fairen Anteil am Hamburger Geschäft zu.

Von Anfang an engagierte er sich auch dafür, den Emigranten, deren Status bei vielen Reedereien immer noch dem eines minderwertigen Frachtgutes entsprach, wenigstens einen bescheidenen, für diese Kunden noch bezahlbaren Service anzubieten. Not kannte er, im Gegensatz zu seinen Kollegen, aus eigener Erfahrung, und wie ein wenig Respekt und Umsicht Passagiere anziehen konnten, hatte er als Agent erfahren. So schlug Ballin auch vor, zunächst bei zwei Dampfern nicht nur die üblichen Massenquartiere, sondern zusätzlich Kabinen auch im Zwischendeck anzubieten und dort überdies elektrisches Licht zu verlegen. Erst kurz zuvor, 1883, hatte das Hapag-Flaggschiff „Hammonia" als erster deutscher Dampfer überhaupt die neue Energiequelle an Bord gehabt.

Die Hapag hatte von Anfang an damit Erfolg gehabt, ihren Passagieren mehr Service anzubieten als die Wettbewerber, und sie dehnte unter Ballins Führung dieses Konzept zunehmend auch auf die Ärmsten aus. Das zahlte sich aus. Diese Kunden reisten zwar selten ein zweites Mal, wählten die Passage aber außer nach dem Preis meist nach den Erfahrungen ihrer Vorgänger und buchten in der neuen Heimat oft Überfahrten für nachfolgende Verwandte.

1888 stellte die Hapag endlich ihren ersten Doppelschrauben-Schnelldampfer in Dienst, ein Schiff, das die Bremer Konkurrenz an Größe, Geschwindigkeit, Sicherheit und Komfort auf Anhieb übertraf und die Hamburger an die Spitze der Atlantikreedereien katapultierte. Auf dieses spektakuläre Comeback reagierte Lloyd-Direktor Lohmann mit dem entscheidenden Fehler der Bremer Unternehmensgeschichte. Auch er bestellte neue Schiffe, doch solche des alten Ein-Schrauben-Typs. Damit verlor der Norddeutsche Lloyd mit einem Schlag den gesamten technischen und geschäftlichen Vorsprung, den er bis dahin in der Nordatlantikfahrt gehabt hatte. Bis zum Ersten Weltkrieg konnten die Bremer hier nicht wieder aufholen. Zu erfolgreich hatte die Hapag schon diese erste Chance genutzt. Ballin war vom folgenschweren Fehlgriff Lohmanns derart beeindruckt, daß er in seiner gesamten Laufbahn nie auf den Rat eines Technikers hörte.

Doch auch den Hamburgern unterlief mit ihrem ersten Schnelldampfer ein kleiner, aber peinlicher Fehler. Ihr Renommierschiff war erstmals deutsche Wertarbeit, gebaut nicht, wie bis dahin üblich, in Großbritannien, sondern beim Vulcan in Stettin. Das Ergebnis freute nicht nur Werft und Reederei, es fand auch allerhöchstes Wohlwollen. Einer nämlich hatte es immer gewußt: „Unter den deutschen Werften sind Männer genug, die, wenn man sie nur in den Sattel setzen wollte, dasselbe leisten könnten wie ihre englischen Berufsgenossen!"

Das war, wenn auch in etwas krausen Metaphern ausgedrückt, ein echtes Kaiserwort. Es war die Meinung des jungen, im Juni

„Augusta Victoria“, der erste Doppelschrauben-Schnelldampfer der Hapag

1888 an die Regierung gekommenen deutschen Monarchen Wilhelm II., der sich bald als seines Reiches bedeutendster Schiffsliebhaber profilieren sollte. Da konnte es keinesfalls schaden, das Augenmerk Seiner Majestät verstärkt auf die Hapag und gleichzeitig auf Hamburg zu lenken. Kaiserliches Interesse nämlich vermochte die Geschäfte erfreulich zu beleben.

Den Bremern war das immer klar gewesen, und so waren die Beziehungen des Lloyd und der Stadt zum Hause Hohenzollern durchaus herzlich zu nennen. In Hamburg sah das anders aus. Die Freie und Hansestadt hatte in puncto Kaisergunst ganz erhebliche Defizite aufzuweisen. Wilhelm II. konnte die Stadt an der Elbe nicht ausstehen. Sie war für ihn eine Hochburg der Sozialdemokratie und später auch noch Sitz eines Intimfeindes, des immer noch grollenden Ex-Reichskanzlers Otto von Bismarck. So bezeichnete der Kaiser einige Hamburger Bürgermeister öffentlich als „Dussel!“, „Kamel!“ und „Dicker Rüpel!“. Viel schlimmer noch: Er tat das in Bremen.

Im Interesse der Stadt und der Hapag bedurfte es also dringend der Abhilfe, und das war Albert Ballin bewußt. Der junge Direktor hatte ohnehin einen ausgeprägten Sinn für das, was wir heute Public Relations nennen würden. Es war kein Zufall, daß es Bal-

lin war, der Ende der neunziger Jahre die erste PR-Abteilung eines deutschen Unternehmens ins Leben rief: das renommierte „Literarische Bureau“ der Hapag.
Image-Werbung wurde um so wichtiger, als die neuen, luxuriösen Schiffe vermehrt auch ein neues Publikum ansprechen sollten: finanzkräftige Kajütspassagiere. Während die Auswanderer vor allem scharf kalkulieren mußten und darum für einen günstigen Fahrpreis auch ungünstige Bedingungen in Kauf nahmen, spielte für das betuchte Publikum das Image einer Reederei, ja das eines einzelnen Schiffes oft eine entscheidende Rolle. In einer Zeit, in der der Monarch die höchste denkbare Instanz verkörperte, war kaiserliche Gnade ein unübertreffliches Werbeargument.

Deutsche Wertarbeit: Die Dreifach-Expansionsmaschine des neuen Spitzenschiffes, hier noch in der Werkstatt der Stettiner Maschinenbau-AG „Vulcan“

1888 nun sollte der erste der neuen Hapag-Schnelldampfer als „Normannia“ vom Stapel laufen. Diese Gelegenheit schien den Hamburgern günstig, dem Kaiser einen publicityträchtigen Gefallen zu tun, der überdies nichts kostete. Das Schiff wurde also auf den Namen der jungen Kaiserin getauft. Doch den beflissenen, aber noch ungeübten republikanischen Neo-Monarchisten unterlief ein Versehen: Sie tauften ihr Schiff „Augusta Victoria“. Der korrekte Name Ihrer Majestät aber lautete Auguste Victoria.
Die Begeisterung im Hause Hohenzollern dürfte sich ohnehin in

engen Grenzen gehalten haben. Wilhelm II. war seiner ebenso fülligen wie bigotten Gemahlin nicht allzusehr zugetan, und die Kaiserin selbst verabscheute Schiffe ebenso, wie ihr Gemahl sie liebte. Das internationale Publikum dagegen war hingerissen, und die neuen Hapag-Schnelldampfer erwiesen sich von Anfang an als Riesenerfolg. Doch das genügte Ballin nicht. Das Passagiergeschäft, das wußte er aus Erfahrung, war krisenanfällig und damit unsicher. Er aber strebte danach, das Risiko für die Hapag möglichst zu verteilen und vollzog deshalb eine entscheidende Wende in der Unternehmenspolitik. Fortan räumten die Hamburger, anders als der Norddeutsche Lloyd, dem Frachtgeschäft den Vorrang vor der Passagierschiffahrt ein. Sie stellten dafür eine neuartige Klasse von Kombischiffen in Dienst, große, wirtschaftliche Dampfer, die wahlweise Passagiere, Ladung oder beides befördern konnten. Diese nach den Anfangsbuchstaben ihrer Namen getauften P-Dampfer machten ihre Reederei unabhängiger von Konjunkturschwankungen und verdienten fortan zuverlässig Geld für die großen, imageträchtigen Luxusliner. Fracht- und Kombischiffe schufen die Verbindung der schnell expandierenden deutschen Wirtschaft zu den Absatzmärkten in Übersee, und an diesem zunehmend lukrativen Geschäft war die Hapag fortan gut beteiligt.

Kleines Intermezzo mit großen Folgen: Ballin erfindet die Kreuzfahrt

Doch die „Augusta Victoria", so viel Ruhm sie auch einfuhr, hatte ein Problem: Im Winter lag das teure Schiff nutzlos auf Reede, weil die Reisenden den grimmigen Nordatlantik in der Sturmsaison möglichst mieden. Das war besonders bei der „Augusta" verständlich. Das neue Hapag-Flaggschiff war als „schwimmender Rokokopalast" eingerichtet – ein Design, das, wie selbst die Reederei später einräumte, durchaus Nachteile hatte: „Die Jubelmelodien der ruhelos schwingenden Rundstukkaturen, die lückenlose Dekoration alles Dekorierbaren, namentlich die Überfülle der Spiegel war doch fehl am Platze. Diese jungen Schnelldampfer tanzten noch gerne, wenn die Winde auf der weiten Tenne der Weltmeere aufspielten, und da war die verwirrende, sich selbst bespiegelnde Pracht der Säle, dieser Bild gewordene Rausch des Rokoko, durchaus kein Trost, sondern eher das Gegenteil für nicht seefeste Passagiere."

In ruhigeren Gewässern dagegen, so überlegte Ballin, war die Rokokopracht durchaus zu genießen. So überraschte er das Direktorium mit einer revolutionären Idee. Er schlug vor, den Dampfer im Winter auf eine „Excursion", eine lange Vergnügungsreise ins Mittelmeer und in den Orient, zu schicken. Diese Tour sollte „klassenlos" sein – wer hier mitfahren wollte, mußte ohnehin Geld haben. Außer jedem erdenklichen Komfort an Bord sollten dafür noch gut organisierte Landausflüge in 13 Häfen geboten werden. Kurz: Ballin plante die erste moderne Kreuzfahrt.

Hamburg - Amerikanische Packetfahrt - Actien - Gesellschaft.

H.A.P.A.G.

Menu.

Schnelldampfer.
AUGUSTA-VICTORIA

Diner

am 20. Februar, 1891.

Erbsensuppe, peas-porridge.

Salmy von Enten, Salmy of duck.

Kalbsbraten, Carotten, Türk. Erbsen.
Roast-veal, carrots, french-beans.

Ochsenzunge á la Provençale.
Ox-tongue á la provençale.

Kükenbraten. Roast-chicken.
Compot. Salad.

Himbeer Eis, raspberries-ice-cream.
Soufflés Törtchen. Soufflés-tarteletts.
Früchte. Caffee. Fruits. Coffee.

Das Echo im Direktorium war alles andere als enthusiastisch. Vergnügungsreisen? So etwas konnten sich die konservativen, älteren Kollegen nicht vorstellen. Sie stammten aus einer Epoche, in der Seefahrt seit Menschengedenken als ebenso gefährlicher wie qualvoller Transport galt, dem man sich nicht ohne dringende Not aussetzte. Wer da etwa auf die Idee gekommen wäre, von einem „Traumschiff" zu sprechen, der wäre vermutlich, wie an Bord üblich, wegen Irrsinns „in Eisen geschlossen" worden.

Doch die Zeiten hatten sich schnell geändert. Die Schiffe waren inzwischen sicherer und vor allem komfortabler, und Reisen kamen mehr und mehr in Mode. Britische Reedereien und kurz zuvor der Norddeutsche Lloyd hatten schon mit kürzeren Ausflugsfahrten Erfolg gehabt. Dennoch – daß ein wohlhabendes Publikum für eine lange Seereise, einfach so zum Spaß, viel Geld ausgeben würde, hielten die Hanseaten an der Hapag-Spitze doch für ziemlich unwahrscheinlich. Aus dieser Meinung scheinen sie keinen Hehl gemacht zu haben.

„Es fehlte selbst in meiner allernächsten Umgebung nicht an Leuten, die glaubten, es sei in meinem Oberstübchen nicht ganz richtig", mußte ein etwas ernüchterter Ballin feststellen. Doch er setzte sich durch, und schon die Ankündigung der „Excursion nach dem Mittelmeer und dem Orient vermittelst des Doppelschrauben-Schnelldampfers ‚Augusta Victoria'" übertraf alle Erwartungen. Längst nicht alle Interessenten konnten mitgenommen werden.

174 „kühne Reisende", wie Ballin sie nannte, versammelten sich schließlich in Cuxhaven. Der Direktor begleitete „seine" Tour als Gastgeber, und auch sein Freund, der alte Hapag-Aufsichtsrat Carl Laeisz war dabei. Die wohlsituierten Herren aus dem In- und Ausland wurden von nur 67 Damen begleitet, überwiegend unternehmungslustigen britischen Ladies. Bessere deutsche Gattinnen und Töchter, gern auch „kleine Frauchen" genannt, galten zu dieser Zeit als lebende Zierstücke des repräsentativen Heimes. Reisen – und besonders derartige Bildungsreisen – waren für sie körperlich und geistig viel zu anstrengend und überdies ungehörig. So hieß es. Diesen im teutonischen Patriarchat weitverbreiteten Standpunkt teilte Ballin ganz offenbar nicht. Seine stattliche Gattin Marianne war mit von der Partie. Sehr zum Leidwesen vieler Damen übrigens. Der „noch junge Director" nämlich, immer makellos gekleidet und von „famosen Umgangsformen", wurde,

wie ein Mitreisender notierte, von den Frauen an Bord „ganz auffallend bevorzugt".

In letzter Sekunde erhielt das ganze Unternehmen sogar noch das, was die Reederei als „glückbringende Weihe" bezeichnete. Wilhelm II. weilte just in Cuxhaven und besichtigte die Hafenanlagen. Als die „Augusta Victoria" inmitten von Eisschollen präzise und pünktlich anlegte, hielt den spontanen Monarchen nichts mehr. Er mußte sofort an Bord, oder, wie eine Zeitung es ausdrückte: „Er erschien wie ein glänzender Meteor."

So standen Ballin und Kapitän Barends plötzlich etwas verblüfft ihrem Souverän gegenüber, und dem Hapag-Direktor wurde die Ehre zuteil, einem angeregt plaudernden Kaiser das Flaggschiff seiner Gesellschaft vorführen zu dürfen. Majestät amüsierten sich königlich über die vielen Spiegel, tadelten die geringe Höhe des Salons, zeigten sich aber insgesamt überaus befriedigt: „Sie sehen, meine Herren, wir können in Deutschland Schiffe bauen!"

Ballin scheint seine Chance, die erste für die Hapag, gut genutzt zu haben, denn ein strahlender Kaiser behängte nach seiner halbstündigen Visite die Hapag-Herren reichlich mit Orden und äußerte zum Abschied aufgeräumt: „Bringen Sie unsere Landsleute nur auf die See, das wird der Nation und Ihrer Gesellschaft reiche Früchte tragen!"

Da behielt er – ausnahmsweise – völlig recht.

Am 22. Januar 1891, bei heftigem Eisgang, verließ die „Augusta Victoria" schließlich Cuxhaven und dampfte in Richtung Ägypten. Als weitere Novität erschien eine „Bordzeitung", die ihre erste Ausgabe mit einem bis heute gültigen Credo der Kreuzfahrt einleitete: „Niemals ist eine Vergnügungsreise unternommen worden, die sich mit der heute angetretenen vergleichen ließe. Das herrliche und bewährte Schiff, die hervorragendste Leistung deutschen Schiffbaues, die Perle der deutschen Handelsmarine, macht eine Fahrt zu den Stätten ältester Cultur. Für zwei Monate bilden die Passagiere ein Gemeinwesen unter sich, abgelöst von den gewohnten Beziehungen, befreit von Sorgen und Lasten des Amts und der Geschäfte und nur auf sich selbst angewiesen. Jedem steht es in weiten Grenzen frei, zu leben, wie es ihm gefällt, theilzunehmen an der Geselligkeit oder sich abzusondern, wenn es seine Stimmung mit sich bringt. Nicht nur für das leibliche Wohl ist auf das Umfassendste gesorgt, sondern auch Musik und Spiel werden die Stunden beflügeln, während der schwimmende Palast immer neuen Zielen entgegenfliegt."

Ballin, die Werbung für die Packetfahrt immer fest im Blick, hatte nicht nur dafür gesorgt, daß Journalisten renommierter Blätter an der Reise teilnahmen. Er hatte überdies einen der bekanntesten deutschen Reportagezeichner angeheuert, Christian Wilhelm Allers aus Hamburg. Der bezog Quartier in Kabine 116 an Steuerbord, nannte sich nun „Mittelmeermaler“ und hielt die denkwürdige Tour in Bildern fest.

Eins mit der neuen Rolle: Ballin, jeder Zoll der Herr „Director“, hält den Kaisertoast beim großen Festbankett auf See am 27. Januar 1891. Zeichnung von C. W. Allers

Erstes gesellschaftliches Highlight an Bord war Kaisers Geburtstag am 27. Januar. Die Musikkapelle schmetterte vaterländische Weisen, die Passagiere marschierten rund ums Schiff und sangen mit. „Heil Dir im Siegerkranz“, „Fest steht und treu die Wacht am Rhein“ und anderes germanisches Liedgut schallten etwas deplaziert über das Mittelmeer. Abends, beim Festbankett, schlug dann die große Stunde von „Director“ Ballin. Tadellos in Frack und Stehkragen, die zierliche Gestalt energisch gereckt, die Spitzen des schwarzen Schnurrbartes nach dem Vorbild Seiner Majestät steil gen Himmel gebürstet, brachte er den Kaisertoast aus.

Das war Zeitgeist pur und klang – in Auszügen – so: „Lassen Sie

Zeitgeist pur: Kreuzfahrt-Idylle aus einem Hapag-Prospekt. Die Damen, geschnürt und berüscht, lassen sich von eleganten Herren die Wunder der Welt erläutern, während der Nachwuchs Reklame für die Kriegsflotte macht: Er trägt Matrosenkleidung und spielt mit einem Miniatur-Schlachtschiff. Gemälde von Felix Schwormstädt uns hier im Angesicht der Markscheide zweier Erdteile dem dritten deutschen Hohenzollern-Kaiser aufs neue die Treue geloben, und lassen Sie uns ihm, wenn auch fern dem Vaterlande, so doch von einem Stücke deutschen Bodens aus, von einem Schiffe, das er noch vor wenigen Tagen seines höchsten Besuches gewürdigt hat, unsere herzinnigsten und unterthänigsten Segenswünsche darbringen. Lassen Sie es uns verkünden, dass heute überall, wo Gottes Sonne strahlt, wo das Meer seine Woge wälzt, wo immer Deutsche sich befinden, der Ruf erschallt: ‚Gott segne den deutschen Kaiser!'"

Danach wurde die Stimmung, wie die Bordzeitung festhielt, dank „patriotischer Gespräche" und reichlich „schäumenden Gerstensafts in Seideln" überaus „fidel". Die animierte internationale Herrenrunde – Damen durften am „Commers" nicht teilnehmen – sandte zunächst Glückwunsch-Telegramme an das erlauchte Geburtstagskind. Dann, weil man gerade so schön in Schwung war, wurden auch gleich noch der Fürst Bismarck und der Graf Moltke bedacht – jeweils nach einem kräftigen Toast, versteht sich. Es folgten einige Gläser auf die Hapag und ihren Direktor „unter dessen nie rastender Sorgfalt sich die Reisenden so unübertrefflich wohl fühlten, worauf der Gefeierte mit einem liebenswürdigen Trinkspruch auf die Gäste antwortete".

Nach noch einigen Seideln mehr drängte es schließlich „Herrn Stadtrath Meissner aus Leipzig", zu nächtlicher Stunde „eine Deputation auf die Commandobrücke" zu entsenden, „um dem Capitän Barends, der das Schiff eben zwischen den Leuchtfeuern von Tanger und Cap Trafalgar hindurchführte, Mitteilung von dem ihm und seinen Untergebenen gewidmeten Dank der Passagiere zu machen". Was auch geschah. Kapitän Barends, ganz der klassische „Traumschiff"-Kapitän, trug die späte Visite zweier stark angeheiterter Abgesandter mit Fassung.

Vielleicht waren es nicht nur patriotischer Überschwang und zahllose Toasts allein, die die Reisenden derart fröhlich gestimmt hatten. Vielleicht war es ganz einfach die Erleichterung, endlich in wärmeren und vor allem ruhigen Gefilden angekommen zu sein. Der Auftakt der „Lustreise" nämlich war für die Passagiere wenig lustig verlaufen. Die winterliche See war grimmig, und vor allem die Biskaya hatte sich derart rauh gezeigt, daß kaum jemand von der Seekrankheit verschont blieb. „Herr Director Ballin hatte ein erkennendes und menschlich warmes Herz", vermerkte ein

Reporter, „als er in Anbetracht der Verheerungen, die die Seekrankheit anrichtete, die Verfügung traf, daß zum zweiten Frühstück Austern nach Belieben gereicht werden sollten.“
Die meisten Herren aber beugten lieber mit reichlich Alkohol vor, widmeten sich im „Klub zur Bekämpfung der Seekrankheit“ dem, wie ein Freund von Carl Laeisz meinte, „infamigen Supen“. Laeisz selbst allerdings trank eher als Hobby. Der Segelschiffs-Reeder war in jedem Zustand seefest, ebenso wie Ballin übrigens, dessen Getränkekarte ohnehin standhaft „Selters“ verzeichnete. Viele andere aber schwankten, so sie überhaupt auf die Beine kamen, haltlos übers Deck. Ob wegen des Sturms oder der probaten Mischung aus Rotwein und Cognac, blieb in manchen Fällen ungeklärt.
Nach dem bewegten Auftakt wurde die Reise der „Augusta“ zu einem einzigen Triumph. Nie zuvor hatte ein derart großes, modernes und prächtiges Schiff Mittelmeerhäfen angelaufen, und der Hapag-Dampfer erregte Aufsehen, wo immer er vor Anker ging. Der König von Portugal ließ eigens Salut feuern. Die Stimmung der Reisenden hätte nicht besser sein können, und die Bordzeitung überlieferte: „Drei Dinge sind den Hamburgern an Bord eigen. Sie sind bemüht gewesen, sich gleiche Reisemützen anzuschaffen, lassen sich alle Mahlzeiten vortrefflich schmecken – und sie essen Caviarbrötchen, als ob sie dafür bezahlt werden.“
Die langen und geruhsamen Landausflüge allerdings konnten unversehens in regelrechte Abenteuerreisen ausarten. Fremde Länder präsentierten sich damals, vor dem Zeitalter des Massentourismus, noch wirklich fremd, manchmal rätselhaft und mitunter gefährlich. Ein unternehmungslustiges Hamburger Herrenquartett etwa wäre auf den unwegsamen Paßhöhen des Libanon fast einem Schneesturm zum Opfer gefallen. Ballin ließ das Schiff in Beirut warten, bis man die unfreiwilligen Survival-Touristen mit Hilfe eilig angeheuerter Maultiertreiber aus ihrer mißlichen Lage befreit hatte.
Als die „Augusta Victoria“ nach Hamburg zurückkehrte, stand fest: Ballin hatte eine Marktlücke entdeckt. Fortan veranstaltete die Hapag regelmäßig und erfolgreich Kreuzfahrten und war so schon vor der Jahrhundertwende von der reinen Reederei zum Tourismus-Anbieter geworden. Sie baute die ersten reinen Kreuzfahrtschiffe und erwarb bald auch eine Kette eigener Reisebüros.

Ein ganz spezielles Verhältnis: Ballin und Wiegand, Hapag und Lloyd

Ballin war auch sehr daran gelegen, eine besonders diffizile Beziehung zu verbessern: die zu Bremen und zum Norddeutschen Lloyd. Seit den Tagen der Hanse, als Vertreter beider Schwesterstädte nur mit Mühe daran hatten gehindert werden können, den Streit um die Rangordnung mit Hilfe handfester Knüppel auszutragen, waren Hamburg und Bremen einander in inniger und oft sehr produktiver Abneigung verbunden. Ein großer Teil der Erfolge von Hapag und Lloyd zum Beispiel resultierte aus jener spezifischen Rivalität, es gerade diesem Wettbewerber zu zeigen.
Das hatte beide Unternehmen – und mit ihnen die Weltschiffahrt – zwar beträchtlich vorangetrieben, aber es hatte sie auch viel Geld gekostet. Ballin ging der sorgfältig und liebevoll gepflegte Antagonismus ohnehin auf die Nerven. So machte er sich, schon kurz nachdem er Direktor geworden war, auf den Weg an die Weser, um, wie er selbst sagte, „die Beziehungen zwischen den Städten zu verbessern“, vor allem aber, um sich mit dem Norddeutschen Lloyd zu verständigen. Über Erfolge dieser frühen Reisediplomatie ist nichts bekannt.
1892 jedoch änderten sich die Verhältnisse auch in Bremen grundlegend. Lloyd-Direktor Lohmann, dessen wirtschaftliche Erfolge seinem Selbstbewußtsein zunehmend weniger entsprochen hatten, starb eines, wie Ballin meinte, „jähen, aber beneidenswerten Todes“. Bei einem Vorbereitungsessen zur traditionellen Schaffermahlzeit im Haus der Seefahrt brach er mit einem

Herzschlag zusammen. Sein Nachfolger wurde, aufsehenerregend in der bedächtigen, erzkonservativen Stadt an der Weser, ein junger Mann. Der Siebenunddreißigjährige war ebenfalls ein Außenseiter, wenn auch, im Gegensatz zu Ballin, einer mit bürgerlicher Karriere. Der Anwalt Dr. Heinrich Wiegand, Sohn eines Gärtners, war bis dahin der Rechtskonsulent des Lloyd gewesen.

Zeitenwende: 1892 kommt auch in Bremen ein junger Manager an die Spitze einer hanseatischen Institution: der Jurist Dr. Heinrich Wiegand (1855–1909).

Wiegand war ein glänzender Organisator, freundlich und ausgleichend, jedoch mitunter mit einem Hang zu ausgeprägtem Starrsinn belastet. Auf den ersten Blick hätten der kräftige, als „blonde deutsche Eiche“ bewunderte „Friese und Bremer“ und der dunkle, zierliche, agile Ballin unterschiedlicher nicht sein können – und dennoch hatten sie entscheidende Gemeinsamkeiten. Mit dem Amtsantritt des gebürtigen Hamburgers und des gebürtigen Bremers hatte sich ein entscheidender Wandel in der Unternehmensführung vollzogen: Management im heutigen Sinne löste die überlieferten patriarchalischen Strukturen ab.
Mit den beiden jungen Managern an der Spitze begannen Hapag und Lloyd erstmals, miteinander statt gegeneinander zu arbeiten. „Wir sind ja beide von der Überzeugung durchdrungen“, schrieb Wiegand später an den Hamburger Kollegen, „daß es Aufgabe

Ein „freundschaftlicher Zweckverbund“: Ballin und Wiegand (Mitte), Hapag und Lloyd, Seite an Seite auf einer internationalen Schiffahrtskonferenz

unserer beiden Gesellschaften ist, nach Möglichkeit sich gemeinsam zu nützen und zu fördern, statt mit steter Eifersucht jeden Schritt zu verfolgen, den die Schwesterstadt auf dem Wege ihrer Entwicklung vorwärts macht.“

Dieser „freundschaftliche Zweckverbund“ entsprang keiner überwältigenden Neigung zueinander, aber soliden gemeinsamen Interessen. Er führte zu dem, was später als „wilde Ehe“ zwischen den Gesellschaften bezeichnet wurde. Es war der Beginn eines Prozesses, der 1970 mit der Fusion zur Hapag-Lloyd AG endete.

Doch es war immer auch eine Romanze mit Hindernissen, von dramatischen Krächen und jähen Eiszeiten unterbrochen, vom Argwohn der Fundamentalisten beider Städte verfolgt, erschwert durch die so unterschiedlichen Charaktere an den Unternehmensspitzen. Da konnten „gelegentliche Explosionen des Temperaments“, wie Ballin es nannte, nicht ausbleiben. „Daß dieses Verhältnis immer ein ungetrübtes gewesen sei, kann man nicht behaupten“, resümierte der Hapag-Chef später. „Es wäre mit der Zeit sonst auch langweilig geworden. Aber bis jetzt haben nach den gelegentlichen atmosphärischen Entladungen Wiegand und ich es noch immer verstanden, eine angenehme Temperatur zwischen beiden Gesellschaften wiederherzustellen.“

Seite an Seite standen Hapag und Lloyd nun gegen ausländische Wettbewerber. Ihre Chefs waren Initiatoren zahlreicher internationaler Reedereikonferenzen, die durch Preisabsprachen und ein

Netz komplizierter Poolvereinbarungen den „Ratenfrieden" auf dem Nordatlantik bis zum Ersten Weltkrieg aufrechterhielten. Ballin, der „Souverän der Seefahrt", war hier in seinem Element, erwarb sich schnell einen Ruf als glänzender Diplomat, als Mann des Kompromisses, und schon den relativ jungen Hapag-Direktor nannte die britische „Shipping Gazette" einen „Altmeister in der Kunst der Verhandlung". Wiegand dagegen, der Jurist, war weniger beweglich, weniger brillant und vor allem viel weniger diplomatisch. „He was a perfect Gentleman", hatte einmal ein bissiger amerikanischer Kollege über ihn gesagt, „but he was only Gentleman – and that's a little inconvenient."

Der ehrgeizige Aufsteiger: Ballin als maßgeblicher Mann im Hapag-Direktorium, 1898. Ein Jahr später wird er, 42 Jahre alt, zum Generaldirektor ernannt.

Wiegand gingen die ganz großen Entwürfe und Visionen seines Hamburger Kollegen ab. Der eingeschworene Bremer dachte und handelte in erster Linie national und regional. Notfalls konnte er jedoch über den „Tellerrand" der geliebten Norddeutschen Tiefebene hinwegsehen. Gemeinsam machten der Bremer und der Hamburger bald große Schiffahrtspolitik, die immer mehr auch Weltpolitik war. Da legalisierte es nur noch die ohnehin schon bestehenden Verhältnisse, daß sowohl Ballin als auch Wiegand 1899 zum Generaldirektor ernannt wurden.

Unfreundliche Übernahme?

„Der Bankier Pierpont Morgan, ein Mann, dem man nachsagt, daß er mit seinem ungeheuren Reichtum eine geradezu erstaunliche Intelligenz verbindet, hat schon den großen Stahl-Trust, die größte Kombination, welche jemals die Welt gesehen hat, geschaffen und geht nun daran, den Amerikanern die Grundlage für eine Handelsmarine zu schaffen.“ Albert Ballin war zutiefst beunruhigt, als er dieses Memorandum im August 1901 verfaßte: Morgan strebte nach der Vorherrschaft auf dem Nordatlantik. Bisher besaßen die Vereinigten Staaten keine nennenswerte Handelsmarine. Den Verkehr auf dem Nordatlantik teilten sich fast ausschließlich europäische Reedereien, an der Spitze Hapag und Lloyd. Ballin hatte zwar keine Angst, mit der Hapag einem riesigen, konkurrierenden Morgan-Trust entgegentreten zu müssen, meinte er doch: „Es ist besser, mit einem einzelnen Riesen zu verhandeln, als mit einer Ansammlung von Liliputanern!“
Aber, und darüber sorgte sich der Hapag-Chef, es ging hier um viel mehr als um einen drohenden Ratenkrieg im besonders umkämpften Kajüt-Passagiergeschäft. Morgans Pläne gingen weiter, und er hatte durchaus die Mittel, sie durchzusetzen. Er war nicht nur Großbankier und Kohlen- und Stahlmagnat, sondern kontrollierte auch die meisten Eisenbahnen vor allem an der amerikanischen Ostküste. Mit denen wollte er die transatlantische Schiffahrt verknüpfen. Er zielte auf einen großen monopolistischen Transportverbund in einer einzigen Hand: in seiner. Das

bedeutete Gefahr für die Hapag, die ihr Frachtgeschäft, vor allem mit den großen P-Dampfern, stetig weiter ausbaute. Für den Weitertransport der Ladung war die Reederei auf Zusammenarbeit mit den amerikanischen Eisenbahnen angewiesen.

Morgan schluckte mehrere britische Atlantik-Reedereien und begann, sich intensiv für Hapag und Lloyd zu interessieren. Ballin signalisierte umgehend Verhandlungsbereitschaft. Er wollte einer drohenden Kampfansage oder gar einer feindlichen Übernahme mit möglichst günstigen Vereinbarungen präventiv begegnen. Ein vorläufiger Vertrag wurde ausgearbeitet. Wie heikel so etwas war, war Ballin bewußt: „Ich erklärte, daß die Sache aber nur für mich durchführbar sei, wenn sie die volle Zustimmung des Kaisers und des Reichskanzlers fände."

So legte er den Vertragsentwurf Wilhelm II. vor. Auch der war alarmiert. Amerikanische Plutokraten, so fürchtete Seine Majestät, griffen nach des Deutschen Reiches Prestigeunternehmen! Da mußte verhandelt werden, fand auch der Kaiser, und er bat Ballin dringend, dabei die Interessen des Lloyd ebenfalls zu berücksichtigen, oder, wie der Hapag-Chef festhielt: „Ich mußte mir schließlich die Sorge dafür auferlegen lassen, daß der Norddeutsche Lloyd durch diese geplante Übereinkunft nicht direkt in Gefahr gebracht würde, daß ihm vielmehr Gelegenheit gegeben würde, sich dem Abkommen anzuschließen."

In Bremen war man über diese ungebetene Fürsorge empört. Wiegand sah keine Gefahr für den Lloyd, also auch nicht den geringsten Grund, zu verhandeln oder gar deshalb nach London zu reisen: „Wenn das Konsortium etwas vom Norddeutschen Lloyd will, so weiß es wohl, wo derselbe zu finden ist!"

Die deutsche Presse war begeistert. Das war ein aufrechter deutscher Mann, der sich keinem ausländischen Druck beugte! Ballin hingegen sei wohl, so der Tenor einiger Kommentatoren, von voreiliger Panik ergriffen und versuche nun, nationale Werte ins Ausland zu verschachern. Es wurde heftig gestritten, sogar die Verstaatlichung der Hapag gefordert, um sie vor Spekulanten zu sichern.

Was dabei vergessen wurde, war die wirtschaftliche Seite, die unterschiedliche Interessenlage der beiden Reedereien. Die Hapag beförderte zwar Passagiere, machte aber das Hauptgeschäft mit der Ladung. Für sie war die mögliche Kooperation konkurrierender Linien mit den amerikanischen Eisenbahngesellschaften eine

äußerst ernst zu nehmende Bedrohung. Der Lloyd dagegen setzte vorrangig auf die Passagierfahrt und war deshalb auf eine Zusammenarbeit mit den amerikanischen Eisenbahnen weniger angewiesen. Sein Chef konnte es sich also leisten, die lästigen Amerikaner von oben herab zu behandeln.
Als sich der intern und öffentlich ausgetragene Streit zuspitzte, beorderte der Kaiser die beiden Direktoren ins Berliner Schloß. An der Hoftafel flankierten sie ihren Herrscher, Ballin rechts und Wiegand links. Als der Lloyd-Chef, wie er sich später erinnerte, hart blieb, „sagte der Kaiser, indem sein Auge mich zornig anblitzte: ‚Wissen Sie, was Sie sind, Sie sind ein eigensinniger Friese!' Dies Wort traf mich heftig, ich glaube, ich habe mich mit einem hörbaren Ruck aufgerichtet, sagte dann aber in durchaus ehrerbietigem Ton: ‚Ja, Majestät, ich bin Friese und Bremer.'"

Dicke Luft: Die Kollegen und Kontrahenten
im Februar 1902 auf der Überfahrt nach New York,
unterwegs zu den umstrittenen Verhandlungen
mit dem Morgan-Trust

Dennoch lenkte Wiegand ein. Er reiste mit Ballin nach New York, und gemeinsam verhandelte man erneut. Der Vertragsentwurf wurde abgeändert, die besonders strittige geplante Kapitalverflechtung durch eine Dividendenbeteiligung ersetzt. Das Ergebnis, ein „Schutz- und Trutzbündnis gegen Eingriffe fremder Konkurrenz", ließ die öffentliche Stimmung jäh umschlagen. Es wurde als diplomatisches Meisterwerk gefeiert, als persönlicher Triumph Albert Ballins.
Die Gefahr einer Einflußnahme von außen oder gar einer unfreundlichen Mehrheitsübernahme war gebannt, der Raten-

frieden mit dem mächtigen Morgan-Trust gesichert. Immerhin gehörten ihm mittlerweile sieben große Transatlantikreedereien mit einer Flotte von 133 Dampfern an, nachdem es Morgan 1902 gelungen war, in England auch die bedeutende White Star Line mit acht großen Passagierschiffen in seine Hand zu bekommen.
Die Cunard Line, der Stolz der Insel, wurde schließlich der eigentliche Gewinner der Auseinandersetzungen. Als Morgan auch die Reederei mit dem springenden Löwen im Wappen ins Visier nahm, erhielt sie fortan reichlich Staatshilfe, um unter britischer Flagge zu bleiben.
Nachdem sich auch die französische Compagnie Générale Transatlantique dem Syndikat erfolgreich widersetzt hatte, war der Versuch gescheitert, das Monopol im Atlantikverkehr zu gewinnen. Morgan verlor daraufhin das Interesse. „Der Ozean", so kommentierte das Wall Street Journal, „war zu groß für den alten Mann."
Schon zuvor war ein anderer „Einkauf" Morgans gescheitert. Während der Verhandlungen mit der Hapag hatte der Bankier, ein eingeschworener und rabiater Antisemit, versucht, Albert Ballin für den Chefsessel seines Trusts zu gewinnen. Er bot dem Hamburger Bedingungen, wie sie wohl nie zuvor in der Wirtschaftsgeschichte einem Angestellten geboten worden waren: ein jährliches Millionengehalt in Golddollars plus Provisionen und dazu fast unbegrenzte Vollmachten im Trust, also über einen großen Teil der Atlantikschiffahrt.
Ballin lehnte ab. Seine knappe Begründung: Weder er noch die Hapag seien käuflich.

„Er war die Packetfahrt"

Ballin brauchte weder Golddollars noch Vollmachten. Er besaß nicht einmal die, für die Hapag alleine zeichnen zu können und interessierte sich auch nie dafür. Er war ohnehin ein König in seinem Reich. Er, ein Angestellter, identifizierte sich mit dem Unternehmen in einem Maße, wie es keiner der Mitinhaber jemals getan hatte. Sein Engagement für die Hamburg-Amerika Linie, wie sich die Gesellschaft seit 1893 auch nannte, ging weit über das hinaus, was selbst damals üblich war. Es war, wie ein Kollege später meinte, „Liebe", und diese Liebe war grenzenlos.

„Er war durch und durch der Mann der Hamburg-Amerika Linie geworden", meinte Ballins Mitdirektor und Vertrauter Bernhard Huldermann. „Von seinem Eintritt in diese Gesellschaft an verwuchs er völlig mit ihr. Sie erfüllte sein ganzes Sinnen und Denken, er lebte ganz in ihr und für sie, stellte sich selbst wie auch unwillkürlich alle Menschen und Ereignisse in ihren Bereich und Dienst. Ihre Entwicklung, ihr Gedeihen, ihre Größe war sein eigenes Leben, mit ihrem Zusammenbruch endete auch das seine. Nur ihren Interessen war sein Interesse gewidmet, ihrem Dienst galt seine Arbeit, galt jede Tat und jedes Wort. Dieses tief innerliche, unlösbare Verhältnis war die Quelle seiner Subjektivität. Einer Subjektivität, die gepaart war mit dem denkbar stärksten Pflichtbewußtsein. Ballin fühlte sich so sehr als Leiter einer Aktiengesellschaft, daß er überhaupt nur aus diesem Gefühl heraus begreifbar ist. Den besten Schlüssel für das Verständnis seiner, dem Fernste-

henden sehr kompliziert erscheinenden, in Wirklichkeit ganz einheitlichen und geschlossenen Persönlichkeit gibt ein gelegentliches Wort von ihm. Auf die Frage, warum er eine eben ausgesprochene Kritik nicht in der Öffentlichkeit äußere, sagte er: ‚Mein lieber Freund, Sie sind nicht Direktor einer Aktiengesellschaft.'"
Huldermanns Fazit hätte auch Ballins Motto sein können: „Er war die Packetfahrt, und die Packetfahrt war er."

Der Generaldirektor vertrat diese Packetfahrt mit Würde, Esprit und intuitiver Noblesse, gepaart mit persönlicher Bescheidenheit. „Er war nicht", urteilte Wolff, „wie viele andere und mindere Größen der deutschen Wirtschaft von seiner eigenen Bedeutung aufgeschwemmt. Er hatte eine vollendete natürliche Gewandtheit im Verkehr, eine ungezwungene Eleganz, einen instinktiven Takt. So war in seiner Haltung, ganz gleich, in welcher Umgebung er sich bewegte, niemals etwas von Pose oder Berechnung. Er spielte eine weit größere Rolle als die meisten um ihn herum, aber er hat, nimmt man das Wort im Bühnensinne, seine Rolle niemals gespielt. Er war ein ‚Herr', aber dieses Herrengefühl spreizte sich nicht, und über allem lag etwas Bestrickendes, das sich nur mit dem Fremdwort ‚Charme' wiedergeben läßt."

Das dreizehnte Kind, der arme Junge vom Hafenrand, war ein Souverän geworden, doch mit Vorsicht zu genießen war er auch. Wenn der kultivierte Herr mit der sonoren Stimme und den makellosen Manieren zu sehr gereizt wurde, verwandelte er sich unversehens in einen cholerisch tobenden Wüterich. „Dann konnte er", wie es sein Biograph Stubmann vorsichtig umschrieb, „unter starker körperlicher Erschütterung auch zu Persönlichkeiten, denen gegenüber er sonst die vornehme Haltung bewahrte, von einer Schärfe sein, die schwierige Situationen herbeiführte. Nach solchen Szenen überraschte die freundliche und gewinnende Art, wenn er die Differenzen beizulegen suchte. Er war alles andere als nachtragend – wenn er nicht durch erneute Betonung der Meinungsverschiedenheiten verärgert wurde ..."

Ballins Arbeitslast war enorm, und er vergrößerte sie ständig. Er arbeitete etwa 16 Stunden am Tag, sieben Tage die Woche. Es hatte Jahre gedauert, bis seine Kollegen ihn überreden konnten, wenigstens nicht jeden Sonntag ins Kontor zu kommen, sondern daheim zu arbeiten. Da war es kein Wunder, daß er bald an quälender Schlaflosigkeit litt, ersetzte er doch zudem körperliche Reserven gern durch Hochspannung. 1902 schrieb er aus New

York: „Mir geht es hier gut, wie immer, wenn meine Nerven auf eine gewisse Weißglühhitze gebracht werden."

Doch im Herbst 1902 erkrankte er ernsthaft an einem schmerzhaften rheumatischen Leiden, mußte längere Zeit liegen und danach in ein Sanatorium fahren, „ins Dock gehen", wie er selber meinte. Ballin wurde inzwischen derart mit der Hamburg-Amerika Linie identifiziert, daß die Aktienkurse der Gesellschaft sofort deutlich fielen.

Seine zunehmend labile Gesundheit zwang ihm nun Kur- und Sanatoriumsaufenthalte auf. Dort arbeitete er natürlich auch. Er brauchte ohnehin kaum Akten und vergaß selten auch nur ein winziges Detail. Doch nie verlor der Mann, der, wie es hieß, „mehr Künstler als Rechner" war, dabei sein großes Ziel aus den Augen: ein Gesamtkunstwerk, eine Reederei zu schaffen, die in der Welt ihresgleichen suchte.

Wieder und wieder fuhr er auf eigenen und fremden Schiffen. Seine Arbeitswut war legendär, seine Pedanterie gefürchtet. Alle Mitarbeiter, vom Kapitän bis zum Silberputzer, erstarrten förmlich in nervöser Dienstbereitschaft, wenn der Boß an Bord kam. Sie hatten allen Grund dazu, denn Ballins lebhaften dunklen Augen entging nichts. Er zog sein berüchtigtes Notizbuch aus der Tasche und vermerkte etwa: „Toast in der Serviette servieren – warm! Moselwein: Lieferantenliste revidieren! Luxuskammer: Kein Platz für Koffer! Kabine Nr. 567 ist kein menschenwürdiger Aufenthalt, sie hat weder Luft noch Licht! Butterdosen zu klein!"

Alle derartigen Notizen gingen mit der Aufschrift „Obligatorisch!" an die geplagten Untergebenen. Arbeiter und Angestellte waren für Ballin ohnehin keine Gesprächspartner. Interne Fragen interessierten ihn weit weniger als große Schiffahrtspolitik, und er verstand nie, wieso jemand, der doch schon der Hapag dienen durfte, da auch noch Ansprüche stellte. In Gewerkschaften sah er, ebenso wie in der Sozialdemokratie, finstere Verschwörungen gegen Kaiser, Reich und Hapag, die es hart zu bekämpfen galt.

Doch mit Härte allein ließen sich auch damals nicht so viele Mitarbeiter zu so vielen außergewöhnlichen Leistungen antreiben, wie sie nötig waren, um die Hapag an die Spitze zu bringen und dort drei Jahrzehnte gegen stärkste Konkurrenz zu halten. Ballin brannte für „seine" Reederei, und er konnte diese Begeisterung auch weitergeben. Fand er, egal bei wem, echtes Engagement vor, so kam sofort seine warmherzige Seite zum Vorschein.

Da war etwa Gustav Schröder, Promenadendecks-Leichtmatrose auf dem Schnelldampfer „Deutschland“, ein sehr kleiner und ebenso schmächtiger Siebzehnjähriger, dessen Traum es war, Kapitän zu werden. Da niemand den „bannig lütten Matros“ für den rauhen Dienst auf einem Segelschiff anheuern mochte, war Gustav auf dem Hapag-Flaggschiff gelandet. Er mußte das schneeweiße Promenadendeck sauberhalten, etwa jedes weggeworfene Streichholz sofort aufheben. Kein Traumjob, doch der Junge war stolz, auf einem so berühmten Schiff zu fahren, und derart eifrig, daß ihn der Erste Offizier eines Tages dem mitreisenden Generaldirektor als „den kleinsten zukünftigen Hapag-Kapitän“ vorstellte.

„Albert Ballin sah mich freundlich an“, erinnerte sich Schröder noch Jahrzehnte später. „Seine gütigen Augen beeindruckten mich stark, und ich fühlte mich bei der Hapag wie geborgen. ‚In fünf Jahren‘, sagte er, ‚wenn du deine Segler-Fahrzeit und das Examen hinter dir hast, bist du als Vierter Offizier wieder bei uns.‘ Ich habe dieses Wort des hohen Vorgesetzten und seine während der ganzen Reise gleichbleibend freundliche Art als Ehre und Verpflichtung empfunden, die mein ganzes späteres Leben unter der Hapagflagge mitbestimmte.“

Sie hielten beide Wort. Aus dem Decksjungen wurde tatsächlich der kleinste Hapag-Kapitän – und doch einer der größten. Mehr als 20 Jahre nach Ballins Tod, im Mai 1939, führte Gustav Schröder die „St. Louis“ auf einer der ungewöhnlichsten Reisen der Schiffahrtsgeschichte. Als „Schiff der Verdammten“ machte der Dampfer weltweit Schlagzeilen, denn kein Land der Welt wollte die mehr als 900 jüdischen Emigranten an Bord aufnehmen. Ihre Irrfahrt dauerte fünf Wochen. Es war die Zivilcourage ihres Kapitäns, die den Heimatlosen das Leben rettete. Schröder widersetzte sich der Order zur Rückkehr und hätte eher sein Schiff und sich selbst geopfert, als seine Passagiere an die Gestapo auszuliefern. Mehrere europäische Länder nahmen sie schließlich doch noch auf.

„In der Hapag war immer was los“

Ballin sorgte für damalige Verhältnisse gut für sein Personal – solange es spurte. Eine seiner ersten Entscheidungen als Direktor war es gewesen, das Fürsorgeprogramm für die Hapag-Mitarbeiter erheblich zu erweitern. Jeden Mitbestimmungsversuch aber brach er mit harter Hand, weil er sozialistische Umtriebe fürchtete. Hapag-Führung und Angestellte lebten so in nahezu ständigem Hader. Ballins Methoden bei Arbeitskämpfen waren rüde, getreu der Devise seines Bremer Kollegen Wiegand: „Das Wort ‚Streik‘ darf in einem Verkehrsunternehmen nicht vorkommen.“

Der Hapag-Chef setzte stets rücksichtslos Streikbrecher, sogar aus Großbritannien, ein und hielt den Betrieb unter allen Umständen aufrecht – um dann hinterher einem Freund zu klagen: „Das ist die häßlichste Aufgabe, die mit meinen Pflichten verbunden ist und macht mich müde und mürbe.“ Die Gewerkschaftszeitung „Der Seemann“ titulierte ihn dafür als „kapitalistische Bestie“, und Ballin rächte sich mit erbitterter Verachtung.

Auch in den oberen Rängen der Packetfahrt herrschte alles andere als eitel Harmonie. Der Boß agierte wie eine Mischung aus althamburgischem Patriarchen und Primadonna, duldete niemanden neben sich und war von gnadenloser Ungeduld mit minder intelligenten oder, schlimmer noch, minder arbeitswütigen Kollegen.

„Die Geschäftsführung war turbulent“, schreibt Cecil, „und Ballin stand stets im Mittelpunkt der Ereignisse. Der Generaldirektor verschanzte sich nicht hinter einer Batterie von Direktoren und Bürodienern, seine Tür stand allen offen, die Vorschläge oder Beschwerden vorzubringen hatten. Mit der Zeit verwandelte sich die Hamburg-Amerika Linie in eine persönliche Schöpfung ihres Herrn, der impulsiv Männer, die er überhaupt nicht kannte, die ihm aber gefielen, auf verantwortliche Posten der Reederei stellte. Es konnte vorkommen, daß sich seine Übereiltheit rächte, viel häufiger erwiesen sich aber diese persönlichen Entschlüsse als bemerkenswert hellsichtig."

Patriarch und Primadonna: der Boß.
Diese Skizze, entstanden 1910, zeugt von einer sehr ungewöhnlichen Begegnung. Olaf Gulbransson, Starzeichner beim Zentralorgan der Majestätsbeleidigung, dem Münchener „Simplicissimus", porträtiert den „Freund des Kaisers".

Die verblüffendste Entscheidung dieser Art traf Ballin 1916. Bei Verhandlungen im Reichsschatzamt überraschte er einen Geheimen Oberregierungsrat, dessen diplomatisches Talent ihm aufgefallen war, plötzlich mit den Worten: „Wollen Sie mein Nachfolger werden?" Dr. Wilhelm Cuno wechselte das Metier, heuerte bei der Hapag an und wurde 1918 tatsächlich Ballins Nachfolger.
Konventioneller versuchte der Hapag-Chef Anfang des Jahrhunderts ein anderes Personalproblem zu lösen. An einen seiner Journalistenfreunde schrieb er: „Für unsere Annoncen und Drucksa-

chen Abteilung suche ich einen Herrn, der literarisch gebildet, mit dem Annoncenwesen vertraut, Sinn für Reclame hat und ein Gentleman ist. Tunlichst sollte er nicht über 40 Jahre alt sein, unserer Pensions-Casse wegen. Ich kann aber nur einen ganz fixen Kerl für den Posten brauchen, also keinen, der irgendwo weggelobt wird."

Offensichtlich besonders „fix" war Ballins Sekretärin, Nanny Kluge, denn er arbeitete lange Jahre mit ihr zusammen, und auch nach seinem Tod behielt sie ihre Spitzenstellung. „Fräulein Kluge" hatte 1906 als Stenografin bei der Hapag begonnen, 1910 wurde sie Ballins Privatsekretärin. Eine Frau auf einem derartigen Vertrauensposten, eine Frau gar, von der sich der Generaldirektor bevorzugt auf dem laufenden halten ließ, wenn er nicht in Hamburg war – so etwas war damals ebenso außerordentlich, wie es heute selbstverständlich wäre.

Das Verhältnis des Generaldirektors zum Aufsichtsrat, dem Vertretungsgremium der Aktionäre, spiegelt ein Brief Ballins an den Journalisten und Schriftsteller Maximilian Harden aus dem Jahre 1912: „Wie Sie wissen, hat in der Regel der Aufsichtsrat im ganzen Jahr nur einen Tag, an welchem er sich bei gut gehenden Gesellschaften mal ein Plätzchen an der Sonne ergattern kann. Das ist der Tag der Generalversammlung. Es ist – ich gestehe es offen – auch mir jedes Mal ein seltsames Gefühl, wenn ich an diesem Tage den Vorsitzenden meines Aufsichtsrates, der nichts weiter erlebt hat als 4 oder 5 Sitzungen im Jahre, die Vormundschaft über mich führen sehe. Bis vor wenigen Jahren hatte ich einen Vorsitzenden, der zur Leitung der Geschäfte noch weniger fähig war als der vortreffliche Hollmann, und der vielleicht gerade deshalb unerbittlich daran hing, auch die rein geschäftlichen Fragen beantworten und Erklärungen abgeben zu wollen. Mein jetziger Vorsitzender hat jedenfalls den Vorteil, daß er redegewandt ist, sich schnell zu orientieren vermag und es auch über sich gewinnen kann, da, wo seine Kenntnisse nicht ausreichen, den Vorstand zu Worte kommen zu lassen."

Dieser Vorstand im pompösen Verwaltungsgebäude am Alsterdamm war in zwei miteinander verfeindete Gruppen gespalten: eine Pro- und eine Contra-Ballin-Fraktion. Die Herren plänkelten unablässig und erbittert. Später sagte einer der Beteiligten: „In der Hapag war immer was los!"

Ballin konnte launisch, überempfindlich und mißtrauisch sein –

vielleicht auch deshalb, weil er sich ständigem Druck ausgesetzt sah. Sein Leben lang unterstellte der Hapag-Chef, jeder seiner Verhandlungspartner sei Antisemit. Nur zu oft hatte er damit recht. Zudem fällt es auf, daß hartes geschäftliches Vorgehen ebenso wie der zeittypisch patriarchalische Umgang mit den Mitarbeitern bei Ballin immer – und bis heute – außerordentlich kritisch be- und verurteilt wurden.
Lloyd-Direktor Wiegand, dessen Methoden sich von denen des Konkurrenten in keiner Weise unterschieden, war solcher Kritik nie ausgesetzt. Der Lloyd bezeichnete sich als „deutsches nationales Institut", wurde in Bremen und Bremerhaven so gesehen und hatte die öffentliche und veröffentlichte Meinung stets auf seiner Seite. Da galt das Geldverdienen, auch mit harten Bandagen, geradezu als patriotische Pflicht.
Die Hapag genoß eine derartige Sonderstellung nie. Ihr Chef war und blieb ein Außenseiter, dem immer auch viel Mißtrauen und Ablehnung entgegenschlugen. Verstärkt wurde diese Sichtweise viel später durch die antisemitische Propaganda der Nazis, die Ballin als Prototyp des „völkerverschlingenden Alljuda" diffamierte. All das hat offenbar noch lange nachgewirkt. Gemessen an seiner Bedeutung ist Ballin, anders als etwa Walther Rathenau, erstaunlich schnell und nachhaltig in Vergessenheit geraten.
Ein wenig mag das auch daran gelegen haben, daß der vielschichtige Mann in kein Schema paßte, vor allem nicht in das gängige Bild eines zwar geschäftstüchtigen, sonst aber völlig einseitigen Wirtschaftsführers. „He struck me as a great man", schrieb ein britischer Journalist schon über den sehr jungen Direktor, „otherwise nothing so incongruent as such a type of man as the head of a big steamship line could be imagined."
Die „Weltbühne" versuchte diese widersprüchliche und aus ihrem Widerspruch so erfolgreiche Persönlichkeit später so zu erklären: „In Ballin war eine merkwürdige Mischung zwischen stählernem Willen und geschmeidiger, anpassungsfähiger Lebensklugheit, zwischen schwungvoller kombinatorischer Phantasie und nüchtern rechnender Tatsachenklarheit. Er war im Schauen Idealist, im Handeln Realist."
Im Freundeskreis, befreit vom Druck der ewigen Außenseiterrolle, war Ballin von rührender Freundlichkeit, Aufmerksamkeit und Anteilnahme. Deshalb wohl hatte er, wie Wolff meint, „unter den bedeutenden oder im Range hoch stehenden Persönlichkei-

ten, die er um sich scharte, auch wirkliche, ergebene Freunde." Professor Ernst Francke, der Chefredakteur der Zeitung „Hamburger Correspondent", erhielt einmal einen langen Brief, in dem der Topmanager sich zunächst voller Enthusiasmus über Details eines neuen Schiffes ausließ und dann überraschend fragte: „Warum waren Sie neulich so down-hearted, kann ich etwas thun, um Ihren Kummer zu beseitigen? Sie wissen, daß ich Ihr Freund bin – also, was ist's?"

Dieser Warmherzigkeit konnte sich kaum jemand entziehen. Bernhard Fürst von Bülow, der von 1900 bis 1909 Reichskanzler war, übte auf den über 1000 Seiten seiner Memoiren geradezu polemische Kritik an fast allen, mit denen er zu tun gehabt hatte. Über Ballin aber schrieb er: „Wenige Menschen sind mir so sympathisch gewesen, für wenige habe ich eine so aufrichtige Achtung gefühlt. Ballin war sehr klug, aber er hatte nicht nur einen scharfen Verstand, sondern auch, was in Deutschland selten ist, einen Verstand voller Ressourcen. Er suchte und fand meist einen Ausweg. Er war durch und durch praktisch, und dabei hatte er, ganz Autodidakt, ein tiefes Verständnis für geistige Kultur. Er hatte vor allem ein goldenes Herz, und groß ist die Zahl derjenigen, denen er mit Rat und Tat geholfen hat, ohne jemals eine Gegenleistung zu verlangen oder auch nur Aufhebens davon zu machen. Sein Fehler war vielleicht eine gewisse Neigung, es allen recht zu machen. Das wurde von seinen Gegnern als Charakterlosigkeit ausgelegt und gab ihm in der Tat bisweilen etwas Unsicheres."

Sicherheit und bedingungslosen Rückhalt fand der Hapag-Chef bei seiner Frau Marianne. 1883 hatten der junge Auswandereragent und die drei Jahre ältere, einen guten Kopf größere, stattliche blonde Christin aus solider hanseatischer Familie geheiratet. Freunde und Bekannte bezeichneten diese für damalige Verhältnisse ungewöhnliche Ehe übereinstimmend als außerordentlich harmonisch. Marianne Ballin begleitete ihren Mann auf vielen Geschäftsreisen und natürlich zu den häufigen Sanatoriumsaufenthalten. Carl Fürstenberg überlieferte, daß sie ihren nervösen, kranken Gemahl dort „oft stundenlang in den Schlaf zu lesen pflegte. Während des Lesens hielt Frau Ballin die Hand ihres Gatten, bis sie der ihren entglitt und sie dadurch merkte, daß er eingeschlafen war. Dann zog diese rührende Ehefrau ihre Schuhe aus und verließ das Zimmer so leise wie möglich, um den endlich Eingeschlafenen nicht zu wecken."

1894 adoptierten die Ballins, die keine eigenen Kinder hatten, ein zweijähriges Mädchen, das bei der großen Hamburger Choleraepidemie von 1892 die Eltern verloren hatte. Ballin liebte die kleine Irmgard, auch „Peter“ genannt, über alles und verwöhnte sie entsprechend, ebenso wie die Kinder seines Freundes Max Warburg.
Irmgard Ballin, die 1910 einen Marineoffizier heiratete, überlebte ihren Vater nur um einen knappen Monat. Sie fiel Anfang Dezember 1918, sechsundzwanzigjährig, der Spanischen Grippe zum Opfer und hinterließ drei kleine Kinder.

Die Reichsflagge und die Hapagflagge

Mehr und mehr wurde der Chef der größten Reederei der Welt auch zum Politiker. Das war unvermeidlich, meinte sein Adlatus Huldermann, stellte Ballin doch „diese Aktiengesellschaft, deren Subventionierung aus öffentlichen Mitteln er immer wieder perhorreszierte, ganz in den Rahmen der nationalen Volkswirtschaft. Solche Riesenbetriebe wie die Hamburg-Amerika Linie sind, wie er oft betonte, nicht mehr Unternehmungen rein privatwirtschaftlicher Natur. Zu eng und zu tief sind sie verflochten, auf Gedeih und Verderb, mit der gesamten Volkswirtschaft und durch sie mit der Weltwirtschaft. Die Reichsflagge und die Hapagflagge verschmolzen so in ein einziges Symbol für Albert Ballin."

Oberste Instanz und Symbol dieses Reiches, Abgott des größten Teils seiner Untertanen war Wilhelm II., Deutscher Kaiser, König von Preußen und ranghöchster Marineenthusiast. In erster Linie schätzte er zwar stolze Panzerkreuzer und schnittige Yachten, doch auch glamouröse Luxusliner, schwimmende Statussymbole des Deutschen Reiches, faszinierten ihn. Der Freizeitschiffer – und berüchtigt schlechte Segler – fand darum bald Gefallen am maritimen Glanz, den die Hamburger ihm bei seinen Besuchen in der Hansestadt boten, und immer mehr auch an der Hapag und an ihrem Chef Albert Ballin.

Es gab zwei besonders aussichtsreiche Möglichkeiten, schnell das Wohlgefallen des Kaisers zu finden und damit Karriere zu machen: eine möglichst dekorative Erscheinung in Uniform zu bieten oder die Talente eines Showmasters aufzuweisen. Nun hätte Ballin, der Zivilist par excellence, selbst in der Uniform der vom Monarchen favorisierten Garde du Corps eher lächerlich gewirkt. Seine Umgangsformen aber waren geschliffen und seine gesellschaftlichen Fähigkeiten auffallend genug, um die Aufmerksamkeit Seiner Majestät zu erregen. Vor allem gebot der Reeder über die unvergleichliche Hapag-Flotte und war bereit, Kaiser und Gefolge auf Wunsch Schiffe ihrer Wahl zur Verfügung zu stellen. Der Kontakt zwischen Monarch und Reeder wurde Ende der neunziger Jahre enger.

Der neue Kaiser-Wilhelm-Kanal vor der Eröffnung 1895. Die schwierige Probefahrt vor der offiziellen Gala absolviert die 140 Meter lange „Palatia" der Hapag mit Bravour. Das allererste große Schiff auf der neuen Wasserstraße trug also Hamburger Flagge.

Dabei hatte diese Bekanntschaft eher unerfreulich begonnen. Nach der ersten Begegnung auf der „Augusta Victoria" hatte Ballin den Kaiser am 1. April 1895 im Berliner Schloß wiedergesehen. Er war, ebenso wie Lloyd-Chef Wiegand, geladen worden, um die Feiern zur Eröffnung des Kaiser-Wilhelm-Kanals, des heutigen Nord-Ostsee-Kanals, zu besprechen. Mochten die Gesellschaften inzwischen auch geschäftlich kooperieren – um allerhöchste Gnade wetteiferten sie so scharf wie nie. Bremen und der Norddeutsche Lloyd sonnten sich zu dieser Zeit noch allein in Kaisergunst und schickten sich an, Hamburg und die Hapag wieder einmal in den Schatten zu stellen.
Monarch und Gefolge würden auf der Kaiseryacht „Hohenzol-

lern“ als erste durch die neue Wasserstraße fahren. Das stand natürlich fest. Aber – und das war die Frage des Tages – welches Schiff mit welchen Gästen sollte dann folgen: eines aus Hamburg oder eines aus Bremen? Beide Reedereien waren ersucht worden, ihre Spitzendampfer für diese Feier eigens aus dem Nordatlantikdienst zu nehmen, um allerhöchste Herrschaften zu transportieren und zu bewirten. Auf Firmenkosten natürlich. Das erschien dem Kaiser als vernachlässigbare Kleinigkeit. Ballin allerdings nicht. So wurde in Berlin empört gemunkelt, der Hapag-Direktor habe die Frechheit besessen, auf einer Entschädigung für sein Unternehmen zu bestehen. Wiegand dagegen habe sich in hehrer patriotischer Uneigennützigkeit erboten, den Lloyd sämtliche anfallenden Kosten tragen zu lassen. Zudem trug das schönste Schiff, das die Bremer zu den Feierlichkeiten entsenden wollten, ein schneeweißer Reichspostdampfer, den Namen „Kaiser Wilhelm II.“.
Da bedeutete es keine große Überraschung, als der Souverän nun verkündete: „Ich habe bestimmt, daß hinter Meiner Yacht zunächst der Dampfer des Norddeutschen Lloyd und dann der der Hamburg-Amerika Linie folgen soll. Die Reichsfürsten fahren auf dem Lloydschiff.“
Das war ein eindeutiger Gunstbeweis, und Wiegand konnte sich befriedigt zurücklehnen. Ballin dagegen war sichtlich bestürzt. Ehrerbietig, aber wohl etwas bestimmter, als in diesem Rahmen üblich, wandte er ein: „Euer Majestät, meines Erachtens gebührt der Hansestadt Hamburg und ihrer Hamburg-Amerika Linie die Ehre des ersten Platzes hinter der Kaiseryacht. Die Schiffe fahren von Hamburg ab, und es ist für die Stadt und ihre Gesellschaft, die zwei Schiffe stellt, sehr hart, wenn die Fürstlichkeiten ein Bremer Schiff benutzen. Darin liegt eine Zurückweisung, die sehr peinlich berühren würde. Ich bitte daher dringend um eine Änderung.“
„Nein“, so die Antwort des Kaisers. „Eine Änderung ist nicht erforderlich. Außerdem habe Ich dem Lloyd schon vor langer Zeit Mein Wort gegeben. Dabei bleibt es.“
Betretenes Schweigen senkte sich über die Runde. Ballin und Wiegand maßen einander mit eisigen Blicken. Die meisten der Anwesenden wußten nur zu genau, daß der Kaiser mitnichten vor längerer Zeit, sondern gerade eben in Bremerhaven gewesen war und erst bei dieser Gelegenheit den Bremern die Zusage erteilt hatte.

Aber natürlich wagte niemand, dem Souverän zu widersprechen, der jetzt jovial fortfuhr: „Ballin, Sie haben Unrecht. Der Kaiser übernachtet in Hamburg. Durch diese Ehre ist die Stadt kolossal bevorzugt. Und auf dem Packetfahrtschiff befinden sich doch die Botschafter, die ihre Souveräne repräsentieren. Sie sehen, eigentlich ist doch die Packetfahrt die bevorzugte Linie."
Die Ehre freilich kostete Hamburg eine runde Million Goldmark, und Ballin war daheim hart bedrängt worden, nur nicht weich zu werden. Carl Laeisz hatte ihm sogar ein Telegramm geschickt: „Menschen, die gleich nachgeben, heißen Kreaturen, und Kreaturen werden verachtet. Nicht nur nach meiner Ansicht, sondern aus gewichtigen Gründen empfehle Hamburger Standpunkt hartnäckig zu verteidigen. Sie können unmöglich glauben, daß Konferenz anberaumt worden, nur um Sie zum Nachgeben zu veranlassen."
Da wollte sich der Vertreter Hammonias nicht mit den Botschaftern abspeisen lassen. Er bat, dann doch wenigstens die Fürsten auf Schiffe beider Linien zu verteilen.
„Unmöglich!" wies ihn Wilhelm barsch zurecht. „Solche Herren kann man mit anderen Menschen nicht zusammenbringen. Die müssen unter sich bleiben!"
Nun konnte Ballin nur noch resignieren: „Euer Majestät, wenn der Kaiser sein Wort gegeben hat, ist die Sache damit erledigt. Ich stelle meinen Wunsch zurück – wenn ich ihn auch weiterhin für berechtigt halte ..."

„Deutschlands Zukunft liegt auf dem Wasser!"

Etwa um die gleiche Zeit starteten die Hamburger eine regelrechte Offensive, um Bremen vom ersten Platz in der Kaisergunst zu verdrängen. Auch an der Elbe hatte man inzwischen gemerkt, wie erfreulich allerhöchste Gnade die Geschäfte zu beleben vermochte. Da ebenso bekannt war, daß Wilhelm II. ausschließlich nach persönlichen Gesichtspunkten urteilte und vor allem entschied, wurde an nichts gespart, um dem Monarchen gezielt zu schmeicheln. Besonders der Erste Bürgermeister Johann Heinrich Burchard, genannt der „königliche Bürgermeister", tat sich da hervor. Er war eine glänzende, dekorative Erscheinung und hatte ohnehin eine Schwäche für Prunk, Pracht und pathetische Reden. Vor allem er bemühte sich nun darum, der Hamburger Wirtschaft endlich das zu schaffen, was man heute als günstige Rahmenbedingungen bezeichnen würde.

Die Hanseaten investierten, kühl kalkuliert, in eine kostspielige Goodwill-Kampagne und hatten Erfolg. Schon um die Jahrhundertwende hatten Kanalfeier, Kaiserdenkmal vor dem Rathaus der Republik, Regatten und Hafenbesuche ihre Wirkung getan. Wilhelms II. ausgeprägte Abneigung hatte sich in ebenso ausgeprägte Begeisterung verwandelt. Immer öfter, immer lieber kam der Kaiser an die Elbe, und am allerliebsten weilte er auf den gastlichen Schiffen der Hapag. Auf einem Hapag-Dampfer, der nach seiner Tochter getauften „Prinzessin Victoria Luise", fiel denn auch 1901 das Wort, das bald ein geflügeltes, beinahe ein Motto

Das erste speziell für Kreuzfahrten gebaute Schiff der Welt war 1900 die „Prinzessin Victoria Luise", getauft nach der Tochter des Kaisers. Hier trägt die weißgoldene „Lustyacht" Flaggengala: seines Reiches bedeutendster Schiffsliebhaber wird wieder einmal bei der Hapag erwartet.

Seiner Majestät und des ganzen Reiches werden sollte: „Deutschlands Zukunft liegt auf dem Wasser!"
Das Schicksal des wilhelminischen Kaiserreiches entschied sich tatsächlich größtenteils zur See. Die florierende Wirtschaft dieser Zeit ist ohne die Handelsschiffahrt undenkbar, die politische Entwicklung wurde mehr und mehr von der Flottenrüstung bestimmt. „Seegeltung" und damit „Weltgeltung" – das war der Traum, das vorrangige Ziel Wilhelms II. Die Anteilnahme des Kaisers verlieh den Großreedereien bald einen Status, den sie nie zuvor besessen hatten.
Das galt vor allem für die Hapag. 1900 war sie die größte Schiffahrtsgesellschaft der Welt, deren Tonnage die aller Konkurrenten, ja ganzer Handelsflotten kleinerer Nationen übertraf, dicht gefolgt vom Norddeutschen Lloyd. Die Hamburg-Amerika Linie residierte von 1903 an standesgemäß in einem „großstädtischen Geschäftspalast" am Alsterdamm 25. Heute heißt die Straße Ballindamm.

Martin Haller, Hamburgs renommiertester Architekt, der auch das neue Rathaus entworfen hatte, zeichnete für den Entwurf verantwortlich. Die Hapag baute im damals modischen Renaissancestil. Gekrönt wurde das dreistöckige Haus von einem sieben Meter hohen kupfernen Neptun mit Dreizack und stolzen Wogenrossen, dem Werk eines dreiunddreißigjährigen, noch unbekannten Holsteiner Künstlers. Er hieß Ernst Barlach. Die Figuren wurden im Ersten Weltkrieg eingeschmolzen. Barlach hat ihnen nicht nachgetrauert. Von der Fassade strahlte in großen, goldenen Let-

Hapag-Haus am Alsterdamm, entworfen von Martin Haller, bezogen 1903. Der Dachschmuck, Neptun mit Wogenrossen, war ein Frühwerk von Ernst Barlach und wurde im Ersten Weltkrieg eingeschmolzen. Das Gebäude ist heute Teil des „Ballin-Hauses", des Sitzes der Hapag-Lloyd AG. An der Hinterfront, an der Ferdinandstraße, sind Teile des Altbaus originalgetreu erhalten.

tern ein altes Hanseatenmotto, das Ballin als verpflichtenden Wahlspruch für die Hapag gewählt hatte: „Mein Feld ist die Welt". Das konnte die Reederei inzwischen mit Recht von sich behaupten. Sie engagierte sich nicht nur auf der angestammten Atlantikroute, sondern darüber hinaus vor allem in Ostasien. Ihr Liniennetz verband vier Erdteile. Nur Australien blieb ausgeschlossen, und zwar, wie es in Hamburg hieß, weil Ballin Otto Harms, den Inhaber der Deutsch-Australischen-Dampfschiffs Gesellschaft, zu sehr schätzte, um ihm Konkurrenz zu machen.
Vier Sandsteinstatuen am Portal des Hapag-Neubaus sollten diese Erdteile symbolisieren. Das kolossale Quartett fand keine unge-

Aufbruch in die dritte Dimension: Die Fahrkarten für die Zeppelin-Luftschiffe wurden ausschließlich in den Reisebüros der Hamburg-Amerika Linie verkauft.

Glanzvolle Feste in glanzvollem Rahmen: Hapag-Gästebuch für die Kieler Woche

teilte Zustimmung. Kunsthallendirektor Alfred Lichtwark etwa, ohnehin des radikalen Modernismus verdächtig, soll jenes gern kolportierte Zwiegespräch erfunden haben, das ein Hamburger und ein Fremder angeblich geführt hatten:
„Sagen Sie mal, was bedeuten eigentlich diese vier Figuren?"
„Die fünf Sinne."
„Fünf? Es sind doch nur vier?"
„Eben. Der Geschmack fehlt ..."
Als das neue Haus schon wenige Jahre später wiederum zu klein war, ging der Auftrag für den Erweiterungsbau an einen modernen Architekten: an Fritz Höger. Er verband den Alt- mit einem Neubau und schuf das Hapag-Haus, wie es heute noch das Ensemble an der Binnenalster dominiert. Seit 1997, seit dem 150. Jubiläum der Hapag-Lloyd AG, heißt es Ballin-Haus.
Sozusagen von „shiplover" zu „shiplover" – und wohl auch von Souverän zu Souverän – fanden Monarch und Reeder bald ebenso Gefallen aneinander wie Hamburg und Hohenzollern. Im Sommer 1901 war Albert Ballin erstmals Gast des Kaisers. Auf einem mit einer Krone verzierten Briefbogen aus dem Neuen Palais in Potsdam schrieb er seiner Frau Marianne: „Liebste, was aus dem Menschen alles werden kann! Ich bin von einer kaiserlichen Equipage abgeholt worden, habe hier ein prächtiges Zimmer im Schloß und bleibe wohl bis gegen Abend hier. Um ein Uhr nehme ich an der Familientafel teil. Ob ich überhaupt noch mit Euch umgehen kann? Mit allerherzlichsten Grüßen für Euch alle and my love to you – Dein Albert."
Bald begann Wilhelm II. – und das war ohne Beispiel – Ballin mit Privatbesuchen zu beehren. Der Hamburger hielt zwar gesellschaftlichen Ehrgeiz reicher Juden für gefährlich. So etwas fördere den Antisemitismus, meinte er. Doch er war ein „märchenhafter" Gastgeber und hatte großen Spaß daran. „Seine Festlichkeiten", so Wolff, „arrangierte und überwachte er mit Sorgsamkeit, die eben auch einer künstlerischen Freude entsprach." Auch hier kümmerte er sich liebevoll um alles, von der Auswahl der Blumen bis zur Tischordnung. Seine freundliche, würdevoll-zurückhaltende Gattin Marianne, die der Kaiserin verblüffend ähnelte, hatte neben ihm keine Chance. Böse Zungen behaupteten ohnehin, sie könne zwar hervorragend Servietten falten, sei aber keine „wirklich inspirierte Gastgeberin".
Anders ihr Mann. Er führte über Jahre hinweg Buch über seine

Einladungen. Sorgfältig notierte er in seiner feinen, präzisen, nach rechts geneigten, mitunter vor Müdigkeit jäh abkippenden Handschrift spätnachts noch die Namen seiner Gäste, die Tischordnung, die Speisenfolge, aber auch Bemerkungen wie: „Wir waren 13 Personen zu Tisch. Es wurde schlecht serviert, weil Oswald es mit seinem Nebendiener allein machen wollte und die Mädchen nicht mitservieren ließ. Oswald mußte noch an demselben Abend entlassen werden – wegen roher Behandlung der Mädchen."

Typisch für Ballin, der dem Kleinen immer ebensoviel Aufmerksamkeit widmete wie dem Großen, ist, daß diese Notiz in seinem ledergebundenen Büchlein gleichberechtigt neben der Eintragung vom 7. März 1908 steht: „Vortrag über die praktische Verwendbarkeit der Luftschiffahrt gehalten in unserem Hause von Hauptmann v. Kehler. 75 Gäste, Souper geliefert vom Restaurant Mathaes (Schauspielhaus) ganz vortrefflich. 10 Lohndiener. 10 kleine Tische à 8 Personen. Das Ganze war ein großer Erfolg."

Dieser Abend war nicht nur erfolgreich, sondern auch historisch: Er markiert den Aufbruch der Hapag in die dritte Dimension. Kurz darauf arbeitete die Gesellschaft mit dem Grafen Zeppelin zusammen und verkaufte die Tickets für dessen Luftschiffe, bis zum Ausbruch des Ersten Weltkrieges schon an 42 000 Passagiere. Der Ruhm der Hamburger strahlte ohnedies aus allerhöchsten Sphären. Seit 1911 heißt ein Stern, ein Planetoid, „Hapag".

Glanzvolle Feste arrangierte Ballin auch alljährlich auf der Kieler Woche. Diese Veranstaltung, mit Yachtrennen und Flottenparaden Höhepunkt maritimer Selbstdarstellung des Kaiserreiches, war auch eine ebenso aufwendige wie wirkungsvolle Hapag-Werbeshow geworden. Ballin entsandte stets ein oder mehrere schwimmende Grandhotels auf die Förde, als Fortsetzung der Geschäftspolitik mit anderen Mitteln. Hier vermischte der Hapag-Direktor gern Dienstliches mit Privatem – auf seine Weise allerdings: Er soll einen Teil der opulenten Einladungen aus seinem Privateinkommen bezahlt haben, so wie er 1908, als die Hapag ihren Angestellten während einer Rezession Einschränkungen abverlangte, als erstes sein eigenes Gehalt spürbar kürzte.

In Kiel nutzte Ballin die Gelegenheit, um Wilhelm II. mit den Spitzen der in- und ausländischen Wirtschaft, darunter auch John Pierpont Morgan, bekannt zu machen, mit Männern also, die bei Hofe gern in schnarrendem Gardeton als „Krämer" oder „Pfeffersäcke" abgetan wurden. Diese ungewöhnlichen Kontakte, so

Rennpferd zur See: Schnelldampfer „Deutschland“, zeitweise Träger des Blauen Bandes für die schnellste Ozeanüberquerung. Plakat von Professor Hans Bohrdt, 1900

hoffte der Generaldirektor, würden seinem allerhöchsten Freund wenigstens einen kleinen Einblick in eine Realität eröffnen, die man sonst sorgsam von ihm fernhalte. Das Gefolge des Souveräns war nicht amüsiert, am wenigsten die preußischen Militärs. Sie, sonst die Lieblinge Seiner Majestät und als „Blüte der Nation" gehätschelt, fühlten sich in dieser maritimen Umgebung ohnehin nicht wohl. Daß der Kaiser hier aber Zivilisten, und oft genug auch noch republikanische, gewerbetreibende Zivilisten, bevorzugte, verstimmte sie zutiefst. „Die ganze Aufmachung einschließlich der opulenten Hamburger Küche", mäkelte ein Oberst, „eine typische Offenbarung des neuen Deutschlands, mit seinen aufdringlichen Krämermanieren eher Protzentum als ein Symbol echter deutscher Tüchtigkeit."

Sie rissen sich aber derart um die Einladungen, daß ihnen Admiral von Müller „ein gewisses Schmarotzertum bei reichen Leuten" unterstellte, denn Ballins Feste hatten einen legendären Ruf. „Nirgends aß man so gut", erinnerte sich Theodor Wolff noch Jahrzehnte später wehmütig, „nirgends wurde mit solcher Selbstverständlichkeit und ohne protzige Prahlerei gegeben, nirgends war alles so brillant organisiert und bis ins letzte durchdacht. Die Gäste empfanden und rühmten das ‚Hamburgische' dieser Gastlichkeit, ganz als würde nun überall in Hamburg mit solchem Talent für die Bewirtung gesorgt. Und man fand eine Gesellschaft vor, wie sie sich sonst in Deutschland selten vereinigen ließ. Alle Sterne waren von ihren Himmeln auf das Deck des gastlichen Schiffes heruntergeeilt, und vom Mittelpunkt her verbreitete das große, kaiserliche Gestirn ein warmes, heiteres, huldvolles Licht. Albert Ballin ging unaufdringlich zwischen den Gruppen hindurch, führte diejenigen, die einander kennenlernen wollten, zusammen, stellte dem Kaiser lächelnd diesen und jenen vor und blickte wieder im Weiterschreiten forschend, kontrollierend und befehlend umher, ob es an nichts fehlte, ob jeder der flink bedienenden Schiffsmannschaft das Richtige tat."

Nirgendwo sonst war der Kaiser so glücklich, entspannt und umgänglich wie auf der Kieler Woche. Wilhelm II. wünschte sich eine imponierende Kriegsflotte, und stolz betrachtete er seine drohenden Panzerkreuzer. Doch in den Tagen auf der Förde sah er, daß sich das Reich mittlerweile vor allem einer unvergleichlichen Handelsflotte rühmen konnte. Deren Spitzenschiffe, die großen Luxusliner aus Hamburg und Bremen, besaßen die Weltgeltung,

Der Schnelldampfer „Deutschland" benötigte 250 Mann Maschinenpersonal, um eine Dienstgeschwindigkeit von 22,5 Knoten zu halten.

nach der es die deutsche Politik so glühend verlangte. Sie waren die schwimmenden Statussymbole eines ehrgeizigen Wirtschaftswunderlandes geworden.

Und sie waren prächtig wie nie. Kurz nach der Jahrhundertwende hatte sich die Hapag entschlossen, aus dem Wettkampf um das Blaue Band für die schnellste Ozeanüberquerung auszusteigen. Ihre 1900 in Dienst gestellte, 208 Meter lange und 16 000 BRT große „Deutschland" war zeitweise Träger dieser begehrten, aber gar nicht existierenden Trophäe. Das brachte dem Unternehmen zwar eine Menge Publicity, doch dem standen gravierende Nachteile gegenüber. Das „Rennpferd zur See" vibrierte derart, daß die Passagiere die „Deutschland" bald als „Cocktailshaker" bezeichneten. Zudem war sie störanfällig und verschlang, wie alle Schnelldampfer, enorme Mengen Treibstoff. Die 250 Mann Maschinenpersonal mußten täglich im Akkord 574 Tonnen Kohle in die 16 Kessel schaufeln, um den Dampfer auf der Dienstgeschwindigkeit von 22,5 Knoten zu halten. Für diese Kostenrechnung interessierte sich das Publikum nicht, wohl aber die Reederei. Die Hapag entschied sich, die teuer bezahlten Rekorde fortan der Bremer Konkurrenz zu überlassen.

Ballin hatte eine andere Idee. „Luxus statt Geschwindigkeit" lautete seine Devise. „Schwimmende Paläste" sollten für die Hapag fahren, Schiffe, die derart komfortabel waren, daß die Passagiere einen zusätzlichen Tag Fahrtzeit nicht als Belastung, sondern als Geschenk empfanden. Das neue Flaggschiff der Hamburg-Amerika Linie, das diesen Vorgaben folgte, kam 1905 in Fahrt. Es war die 22 225 BRT große „Amerika", ein behäbiger, 213 Meter langer Liner mit zwei Schornsteinen, dessen Maschinen nur halb soviel Kohle verschlangen wie die der Schnelldampfer.
Im Innern aber übertraf sie alles, was je auf See angeboten worden war. Ihr Interieur war überwiegend in Art Nouveau gehalten, im eben international in Mode kommenden Jugendstil. Es gab Personenfahrstühle, einen Wintergarten voller Palmen und als „Novität" ein Ritz-Carlton-Restaurant à la carte, dessen Personal eigens in Paris ausgebildet worden war. Die Küche unterstand Auguste Escoffier, dem „König der Köche". So etwas war selbst dem verwöhnten First-Class-Publikum noch nicht geboten worden, und das ganze Unternehmen wurde ein Riesenerfolg. Doch nicht nur die wohlhabenden Reisenden waren begeistert. Im Zwischendeck konnten die Passagiere jetzt für einen geringen Aufpreis auch Kabinen statt der großen Schlafsäle buchen. Diese III. Klasse, die die Hapag als erste Reederei überhaupt anbot, war hochbegehrt und wurde besonders von Familien viel genutzt. Aus ihr entstand später die Touristenklasse.
1906 kam noch ein Schwesterschiff in Fahrt, „Kaiserin Auguste Victoria" wurde es – dieses Mal korrekt – getauft, war 25 000 BRT groß und beim Stettiner Vulcan gebaut. Es war das größte, und, wie die Hapag warb, auch komfortabelste Schiff der Welt.

„Der Gesandte einer fremden Macht“

„In seiner ganzen Persönlichkeit war Ballin Hamburger“, schrieb Theodor Wolff. „Seine Sprache hatte den hamburgischen Klang und die hamburgische Manier, die den Buchstaben sauber vom nächsten trennt, und darum den salopper redenden Bewohnern anderer deutscher Gegenden ein wenig spitzig und überfein erscheint. Er trank und aß und rauchte nach hamburgischer Art, und das hieß, daß man sich Schweres zumutete und solche Dinge ohne hygienische Zimperlichkeit genoß.“

Doch der Hamburger war vor allem zum Weltbürger geworden, zu einem Mann von visionärer Kühnheit, von dem es hieß, daß er „in Kontinenten dachte“. Viele Mitbürger, denen ihre Freie und Hansestadt traditionell das Maß aller Dinge bedeutete, konnten und wollten ihm da nicht folgen. Auch deshalb blieb Ballin daheim immer seltsam fremd. Ballin selbst, so Wolff, „sah in seiner Heimatstadt auch Kleinliches und allzuviel von jenem Lokalpatriotismus, hinter dem sich Bequemlichkeit verbirgt“.

„Ich sehe ganz deutlich, was dieser Stadt fehlt“, meinte er ein andermal, „dieser Stadt fehlen 10 000 Juden. Ich verkenne keineswegs die unangenehmen Eigenschaften der Juden, und doch muß ich sagen, für Hamburgs Entwicklung wären 10 000 mehr davon ein Segen.“

Ballin sagte also laut, was solide Hanseaten nicht einmal zu denken, geschweige denn auszusprechen wagten. So überlegte er auch, ob Hamburg nicht wirtschaftlich besser beraten wäre, wenn

es sich Preußen anschlösse. Das war unerhört, galt in der Hansestadt als Ketzerei. Nur die Forderung nach einem Zusammenschluß mit Bremen wäre noch unglaublicher gewesen.
Der wohl mächtigste Mann der Stadt strebte nie ein städtisches Amt an, war nie Mitglied der Bürgerschaft. Die Handelskammer ehrte Ballin mit ihrer höchsten Auszeichnung. Wenn er aber, selten genug, in dieser Institution erschien, behandelte man ihn dort „wie den Gesandten einer fremden Macht“.
Ballins engster Freund und Vertrauter, der Privatbankier Max Warburg, bemerkte einmal: „Hier in Hamburg gibt es keinen offenen Antisemitismus, aber viele verborgene antisemitische Gefühle.“ So viele allerdings, daß Warburg später einräumte, er habe seine Sonderrolle doch immer deutlich gespürt.

Reserve, Distanz und „mimosenhafte Sensibilität“: der Topmanager 1911, auf dem Höhepunkt seiner Karriere

Der Bankier und der zehn Jahre ältere Reeder unterdrückten jedes untergründige Unbehagen, jeden Zweifel an ihrer schwierigen Stellung als erfolgreiche deutsche Juden dadurch, daß sie sich, wie die meisten jüdischen Großbürger, vor allem als Deutsche fühlten und glühende Patrioten waren. Warburg, der einst Kavallerieoffizier hatte werden wollen, kannte ohnehin keine Furcht. Ihm fehlte die hochgradige Sensibilität, die seinen Freund gelegentlich so verwundbar machte.

Ballin dagegen war wohl ständig bewußt, daß er sich auf dünnem Eis bewegte. Seine wenigen „offiziellen“ Porträts sind von Distanz, von Skepsis und Reserve geprägt. Auf Fotos, die ihn scheinbar souverän in der Öffentlichkeit zeigen, verrät oft ein Detail seine immerwährende Anspannung: eine Hand, die zur Faust geballt ist, daß die Knöchel deutlich hervortreten. Einen Unterton steten, hellsichtigen Unbehagens zeigt auch seine Bemerkung: „Wie es Leute gibt, die an Platzfurcht leiden, so leide ich an Menschenfurcht. In der Masse wirken sie mir unerträglich.“
Der Generaldirektor war, gemessen an seiner Stellung, privat eher scheu. Er mochte kein öffentliches Aufsehen um seine Person, wenn es nicht zugleich der Hapag galt. Er, der Kultivierte, Verbindliche, reagierte „in der unfreundlichsten Weise“, wie seine Mitarbeiter klagten, auf jede Frage nach seiner Herkunft, seiner Jugend und seinem Aufstieg. Da fühlte er sich angreifbar, und er wußte, daß er ohnehin immer Ziel antisemitischer Attacken war. Besonders haßten ihn, den herausragenden Repräsentanten des Großkapitals, viele Vertreter des deutschen Mittelstandes. „Es ist dahin gekommen“, klagte einer von ihnen, „daß unsere höchsten Stellen verballinisiert sind, bis an die höchsten Stufen des Thrones die Fremdlinge aus Palästina Zutritt haben, aber die Stände, die in schlichter, ehrlicher Treue unser Volk aufgebaut haben – für sie ist der Weg sehr erschwert.“
Journalisten galten im Establishment des Kaiserreiches – und erst recht im konservativen Hamburg – als eher suspekte Randexistenzen, denen man tunlichst aus dem Wege ging. Adolph Woermann, der „King of Hamburg“, Großkaufmann und Reeder, hielt es zum Beispiel für wünschenswert, alle Zeitungen einfach zu verbieten. Noch weit martialischere Träume hegte der Kaiser. Als er ausnahmsweise einmal veröffentlichte Kritik einstecken mußte, lautete die spontane Reaktion Seiner Majestät: „Wenn das in den Zeitungen so weitergeht, schicke ich einen Flügeladjutanten hin und lasse den Redakteur totschießen!“
Ballin dachte da anders. Zwar meinte auch er: „Journalisten von Entgleisungen und Seitensprüngen ab- und auf einer richtigen Linie zu halten, ist schwieriger als einen Schwarm Flöhe wieder einzufangen.“ Doch zu seinem engsten Freundes- und Bekanntenkreis gehörten auffällig viele Journalisten, Schriftsteller und schließlich noch ein Unternehmer, der schrieb: Walther Rathenau, der ebenso brillante wie exzentrische Chef der AEG.

Der Grandseigneur der Szene, Theodor Wolff, Chefredakteur des „Berliner Tageblatt“, war Ballins Freund. Auch Maximilian Harden, der streitbare Herausgeber der „Zukunft“, sonst aus Arroganz eher unzugänglich, schätzte den Reeder hoch. Ballin kannte Therese Simon-Sonnemann, die Besitzerin der „Frankfurter Zeitung“ gut, ebenso die Berliner Zeitungsmagnaten Gebrüder Ullstein und August Scherl. Eine langjährige Beziehung bestand auch zu Landau, dem späteren Chefredakteur des „Berliner Börsen-Kuriers“. In Hamburg bevorzugte der Hapag-Chef Herausgeber und Redakteure seiner Lieblingszeitung, des „Hamburgischen Correspondenten“, vor allem Felix von Eckart und Ernst Francke. Später machte Ballin mit Bernhard Huldermann sogar einen Wirtschaftsredakteur dieses Blattes zum Hapag-Direktor und zum engen Vertrauten. Ein derartiger Wechsel aus einer Redaktion in die Chefetage eines Großunternehmens war in Deutschland beispiellos.

Ballin selbst schrieb gelegentlich für verschiedene Blätter, vor allem für den „Correspondenten“, und war überdies sehr belesen. Mit zunehmender Arbeitslast allerdings verlagerte sich sein Interesse von den einstmals bevorzugten Klassikern zu entspannenden Krimis. Dennoch fand er Zeit, eine umfangreiche, mehrsprachige Bibliothek zu sammeln.

Neben der Musik, die in seiner Jugend sein Hobby gewesen war, liebte er schöne, geschichtliche und politische Literatur, speicherte unzählige Zitate in seinem, wie Freunde rühmten, „fabelhaft starken“ Gedächtnis und hatte offenbar nur wenig Berührungsängste. Als ihm Rathenau 1902 sein sehr umstrittenes zweites Buch „Reflexionen“ schenkte, schrieb er: „Ich bin Ihnen von Herzen dankbar für die ebenso schnelle wie überreiche Erfüllung meines Wunsches. Das Buch wird eine Zierde meiner Bibliothek sein. Ich blättere sehr oft des Abends in Ihren Reflexionen und erfreue mich immer wieder daran.

Mein Gehirn ist schon zu minderwertig geworden, als daß ich daran denken könnte, in Gestalt einer schriftstellerischen Arbeit eine Spur von meinen Erdentagen zu hinterlassen. Ich kann Ihnen also nicht Gleiches mit Gleichem vergelten. Aber wenn Sie mal von meinen Diensten und von meinen freundschaftlichen Gefühlen für Sie praktischen Gebrauch machen könnten, würde ich mich aufrichtig freuen. Das brauche ich Ihnen – glaube ich – kaum erst besonders zu sagen.“

„Er war entschieden zu sentimental“

Ballin galt – nach Hamburger Maßstäben – nicht als besonders wohlhabend. Doch er war vermögend genug, sich 1908 in der Feldbrunnenstraße 58 von den Architekten Lundt & Kallmorgen eine gewaltige Villa bauen zu lassen. Die Familie hatte bis dahin vergleichsweise bescheiden gelebt und besaß ein schönes, aber nicht spektakuläres Landhaus in Hamfelde bei Trittau. Ballin teilte normalerweise den konservativen, historisierenden Kunstgeschmack seines kaiserlichen Freundes. Dennoch entschied er sich jetzt für ein Architektenteam, das als geradezu gewagt modern galt, und damit für eine radikale Abkehr vom Historismus. Seine graue, klassisch-kühle, von Säulen geschmückte Residenz nannten die Hamburger spöttisch einen „Palazzo“ oder „Klein-Potsdam“. Sie wußten auch, warum der Hapag-Chef so pompös gebaut hatte: um seinem kaiserlichen Freund einen angemessenen Rahmen bieten zu können.

So etwas war an der Elbe mittlerweile durchaus üblich, hatten doch die hanseatischen Republikaner fünf Jahre zuvor eigens den neuen Dammtorbahnhof errichtet, um den Kaiser standesgemäß empfangen zu können. Wilhelm II. nun kam etwa sechsmal im Jahr in die Feldbrunnenstraße. Das Verhältnis Ballins zu seinem allerhöchsten Freund war ambivalent. Der Sohn eines verarmten Juden war stolz und zufrieden, das Vertrauen des Monarchen zu besitzen. Hatte er damit doch die größte im damaligen Deutschland mögliche Ehre errungen. Doch da war noch mehr.

Der Hapag-Chef, der schon als Jugendlicher für seine Familie hatte sorgen müssen, hatte ein ausgeprägtes, umfassendes Verantwortungsbewußtsein entwickelt, gepaart mit der Leidenschaft, seine Kompetenzen weit zu überschreiten, wann immer er es für nötig hielt. Er, „eine wärmere, an dieser Stelle empfindsamere und weichere Natur", wie Wolff meinte, mochte den Kaiser wirklich. Dabei erkannte er die, wie ein Biograph später zurückhaltend urteilte, „äußerst problematische Persönlichkeit" Wilhelms II. genau. So versuchte er ständig, den ewig unreifen Monarchen zu entschuldigen und in Schutz zu nehmen. Reichskanzler Bülow, der beide sehr gut kannte, bezeichnete das Verhältnis Ballins zu dem zwei Jahre jüngeren Kaiser als „beinahe väterlich", und Wolff sah das ähnlich: „Ballin war der Verteidiger, der selbst in den verzweifeltsten Fällen auf ‚mildernde Umstände' plädiert. (Er) beklagte den ‚armen Kaiser', der so schlecht bedient wurde, den alle schmeichlerisch in seinen Irrtümern bestärkten, der niemals eine unangenehme Wahrheit erfuhr. ‚Der arme Kaiser!' sage er dann – bis zuletzt habe ich diese drei Worte von ihm gehört. Er hätte, beinahe wie eine gute Kinderfrau, den Kaiser gern beschützt. Er sorgte sich ehrlich um ihn."

Es ist bezeichnend für die Umgebung des letzten deutschen Kaisers, für den Byzantinismus, der bei Hofe und in der Regierung herrschte, daß der diplomatische, verbindliche Ballin als einer der ganz wenigen galt, die es wagten, dem hohen Herrn überhaupt eine abweichende Meinung zu unterbreiten. „Majestät brauchen immer Sonne", lautete normalerweise das Motto bei Hofe, und so sahen es auch Politiker und Militärs als ihre vorrangige Aufgabe an, für diese immerwährende Sonne zu sorgen. In einer Umgebung, in der Aussprüche wie „Gegen Euer Majestät waren Friedrich der Große ein ganz dummer Junge" zum Umgangston gehörten, galten die taktvollen Äußerungen Ballins schon als ungeheurer, empörender Freimut. Für viele ein Grund mehr, diese merkwürdige Freundschaft zu bekämpfen. Ein „jüdischer Parvenu" aus einer Stadtrepublik, ein, wie es hieß, „Krämer aus Hamburg" als Freund Seiner Majestät – das war mehr, als viele arrogante preußische Junker und vor allem die bigotte, beschränkte Kaiserin samt klerikalem Anhang vertragen konnten.

„Auguste Viktoria hielt es gewiß nicht für richtig, den angebeteten und leicht ungeduldigen Gemahl durch häufige und lästige Vorhaltungen zu verärgern, wenn er den Schöpfer der großen deutschen Handelsflotte zu langen Privatunterhaltungen empfing“, spöttelte Wolff, „und sie saß dem bevorzugten Gast mit höflicher Hausfrauenwürde an der Familientafel gegenüber, aber das war nur das Wunder der Gattinnenliebe und der höfischen Erziehung zur Selbstdisziplin. Ballin war nicht nur Jude, er war ‚anglophil‘, also selbstverständlich etwas wie ein Anwalt englischer Wünsche, und das war noch schlimmer als die kaum anzuzweifelnde Tatsache, daß keiner seiner Urväter auf den Bärenfellen im germanischen Walde lag. Die Kaiserin gönnte ihrem Gemahl den Verkehr mit Ballin, aber sie überwachte mit sorgendem Blick diese Freundschaft, und wenn der kaiserliche Gemahl von internationalem Denken umstrickt und seine herrliche Flottenschöpfung angetastet werden sollte, dann schreckte sie, warnend und wehrend, nicht vor der Pflichterfüllung zurück.“

Villa Ballin in der Feldbrunnenstraße 58. Entworfen wurde die klassisch-kühle Residenz von den Architekten Lundt & Kallmorgen, von denen auch das Hamburger Oberlandesgericht und das Thalia-Theater stammen.

Dennoch hielt der sonst so unstete Monarch lange an dieser Freundschaft fest, vielleicht auch deshalb, weil Ballin seine Stellung niemals für sich persönlich ausnutzte. Wilhelm II. wollte ihn mehrmals gern zum Minister, mindestens einmal, nach der Entlassung Bernhard von Bülows 1909, sogar zum Reichskanzler machen. Ballin erklärte höflich, aber sehr bestimmt, er werde sich um keiner Ehre oder Stellung willen jemals taufen lassen. Damit war das Thema erledigt.

Jedenfalls für den Reeder. Dem Kaiser jedoch, so überliefert

Admiral von Müller, war „vielleicht einmal das nie verleugnete Judentum Ballins unangenehm, jedenfalls stellte er plötzlich die merkwürdig anmutende Behauptung auf, Ballin sei gar kein Jude". Einem Mann, der die Welt ohnehin immer nur so sah, wie er sie sehen wollte, der etwa im Brustton der Überzeugung verkünden konnte, Engländer und Franzosen seien eigentlich „gar keine Weißen, sondern Schwarze" oder Jesus ein „Nichtsemit", dürfte das nicht weiter schwer gefallen sein.

Der Souverän bedachte Ballin bei jeder Gelegenheit freigebig mit Orden. Das freute den zwar als Zeichen persönlicher Anteilnahme, beeindruckte ihn ansonsten aber offenbar wenig. Als sie bei einem Einbruch gestohlen wurden, ersetzte er sie nicht. Für ihn war so etwas „Spielzeug für große Kinder". Für die Hapag jedoch machte der Direktor seine Beziehungen durchaus geltend, allerdings niemals, wie seine zahlreichen Feinde ihm unterstellten, gegen die Interessen des Deutschen Reiches.

Im Gegenteil: Je mehr er in halboffizielle politische Missionen hineingezogen wurde, desto mehr übertrug er seine Rolle als jederzeit und überall verantwortlicher Direktor einer Aktiengesellschaft auf sein Verhältnis zur Politik, vor allem aber zu seinem gekrönten Schützling. Er sah ohnehin Parallelen zwischen den Aufgaben des Kaisers und seinen eigenen – nur, daß dessen „Direktoren" ihre Pflichten nicht so erfüllten, wie sie es zum Wohle des ihnen Anvertrauten hätten tun müssen. Wenn die Hapag so geleitet würde wie das Deutsche Reich, dann wäre sie längst pleite, sagte er oft zu Huldermann. Doch sogar im Sommer 1918 hatte er noch Verständnis für den Kaiser. Er habe das Unheil nicht gewollt, „aber was nützt das? Schließlich ist er doch der Generaldirektor und verantwortlich dafür, wenn es schief geht, genau wie der Direktor einer Aktiengesellschaft."

Ballin drängte sich zwar in keiner Weise danach, die Beziehung zu seinem hohen Gönner durch dauernde Unannehmlichkeiten zu trüben oder sogar deren Ende zu riskieren. Gelegentlich aber, so Wolff, sah er sich in der selbstgewählten Pflicht, sozusagen für die „AG Deutschland": „Wenn Großes auf dem Spiele stand, für den kaiserlichen Freund und für das Land, und wenn kein anderer aufrichtig reden wollte, dann glaubte er, ihm sei ein feiges Ausweichen nicht erlaubt. Es war die schwerste Art, Dankbarkeit und Anhänglichkeit zu beweisen, aber gerade weil es schwer war, mußte er und konnte wohl nur er es tun. Aber in der Idee, er müsse und könne wagen, was selbst die höchsten Ratgeber, Fürsten und Kanzler, nicht wagten, lag doch auch ein Zug von Eitelkeit. Es muß in der geheimsten seiner Seelenkammern, in die er selber vielleicht nicht hineinblickte, doch eine Befriedigung erweckt habe, daß in Schicksalsstunden alle Welt sagte, das könne nur er dem Kaiser beibringen, und er müsse zum Kaiser gehen. Aber das war dann ein sehr unschuldiger und nur für ihn selber gefährlicher Glaube."

Unzutreffend war er außerdem. Mochte der Souverän Ballins Gesellschaft noch so sehr suchen und genießen, mochte er von ihm noch so „gutwillig" Kritik und Rat annehmen und ihn dabei, wie der Reeder gerührt festhielt, „mit guten treuen Augen ansehen" – irgendwelche Folgen hatte das kaum. Wenn es wirklich darauf ankam, wandte sich Wilhelm II. an andere Ratgeber – wenn überhaupt. In den diplomatischen Akten des Auswärtigen Amtes findet sich folgender Vermerk Seiner Majestät: „In Meiner Praxis werde Ich Mich aber für später nur auf Gott und Mein scharfes Schwert verlassen und berufen! Und scheiße auf die ganzen Beschlüsse!"

Den ihm nachgesagten und vielkritisierten Einfluß auf den wankelmütigen, sprunghaften Wilhelm II. hat Ballin in Wirklichkeit nie besessen. Statt dessen machte er, so der Journalist Bernhard Guttmann, die Erfahrung, „daß man ihn gern berichten hörte und sich um seinen Rat nicht kümmerte".

Das erkannte schließlich auch „des Kaisers Reeder" selbst. Ballin war klug genug, zu wissen, wie vergänglich allerhöchste Gnade sein konnte. Dennoch litt er sehr, als sich die „Mauer" immer undurchlässiger schloß, bezeichnenderweise am meisten um den „armen Kaiser", der doch immer nur das Beste gewollt habe. Wolff vertrat die Ansicht, daß diese seltsame Beziehung dem „so gar nicht parvenuhaften und so unendlich gewissenhaften" Freund auch einen „tragischen Zug" verliehen habe: „Ballin, dessen kaufmännischer Blick so klar die Verlustmöglichkeiten erkannte, hatte in die Freundschaft mit dem Kaiser zuviel Gefühlskapital eingelegt. Er war entschieden zu sentimental."

Die schimmernde Wehr zur See

„Geschäft, nicht Politik war sein und seiner Bankiersfreunde Hauptinteresse. Ballin und Männer wie er waren daher geneigt, sich mit einem Regime zufriedenzugeben, das seinen Willen bekundete, Deutschlands wirtschaftliche Stellung zu stützen, zu schützen und auszubauen“, schreibt Cecil. „Es war nicht Ballins Ziel, politische Macht zu erringen. Was er erstrebte, war vielmehr die Gelegenheit, Vorschläge zu machen, zu warnen, Rat zu erteilen, kurz, Einfluß zu nehmen.“

Parteien spielten dabei so gut wie keine Rolle. Sozialdemokraten waren für Ballin das Böse schlechthin, die bornierten Konservativen konnte er nicht ausstehen, und vorrangig religiös ausgerichtete Gruppierungen wie das Zentrum hielt er für gefährlich. Es war in allen Fällen eine Abneigung, die ausgeprägt erwidert wurde. Am nächsten hätten Ballin wohl die Liberalen gestanden, „liberale Männer“ waren für ihn jedenfalls die wünschenswerten Ratgeber für Wilhelm II. Die aber konnten mit dem „Freund des Kaisers“ wenig anfangen, nur zu Gustav Stresemann hatte Ballin später engeren Kontakt. Der Souverän der Seefahrt war ohnehin viel zu sehr Einzelgänger, als daß er sich in irgendeine Parteiraison hätte einbinden lassen.

„Es ist Mir vollständig gleichgültig, ob im Reichstagskäfig rote, schwarze oder gelbe Affen herumspringen“, tönte der Kaiser, und Ballin definierte seine Prioritäten ein kleines bißchen höflicher, aber nicht weniger deutlich: „Die Hauptsache bleibt mir trotzdem

der Thron, die Republikaner (dazu habe ich zuviel hinter republikanische Coulissen gesehen) sind mir widerlich."
„Die Macht", so schildert Cecil das wilhelminische Deutschland, „lag bei der Krone, der Bürokratie, den Kapitänen der Finanz- und Industriewelt und den Gestaltern der öffentlichen Meinung. Es waren daher diese Kräfte, an die Ballin sich hielt. Einerlei, wer die Politik formte oder ausführte – Hauptsache, sie entsprach wirtschaftlichen Interessen." Ballin habe eine Regierung gewünscht, „die in ihrer Zoll- und Steuerpolitik maßhielt, die nicht unnötigerweise die innere soziale und politische Struktur erschütterte, den deutschen Handel unterstützte und gleichzeitig jeden Konflikt mit ausländischen Mächten vermied".

Mittler zwischen Deutschland und Großbritannien:
„des Kaisers Reeder"

Den äußeren Frieden aber sah der Hapag-Chef mehr und mehr bedroht. Er machte sich Sorgen wegen der wachsenden Spannung zwischen Deutschland und Großbritannien. Diese Entwicklung quälte ihn körperlich. Er sei ganz krank von dieser miesen Politik, klagte er, und zu derartigen Klagen hatte er immer mehr Anlaß. Was er, der zwar in der Sache harte, im Ton aber einfühlsame, taktvolle und darum so überaus erfolgreiche Schiffahrtsdiplomat, der Meister der fruchtbaren Kompromisse, nie verstand, war die schier unglaubliche Tölpelhaftigkeit der offiziellen deutschen Politik, war die Unfähigkeit des Auswärtigen Amtes mit seinen Berufsdiplomaten. Ballin hielt die gesamte „Wilhelmstraße", wie das Auswärtige Amt auch bezeichnet wurde, für ein Reservat unfähiger adeliger Schwachköpfe, für einen „Klub, in welchen man kraft und durch Geburt aufgenommen werden muß".

Später, als seine schlimmsten Befürchtungen wahr geworden waren, malte er einem Freund verbittert aus, wozu die Politiker, die 1914 das Schicksal Deutschlands in Händen gehalten hatten, in seinem, in Ballins Reich getaugt hätten: „Für Bethmann hätte ich in der Hapag kaum eine Stelle gehabt, höchstens als Bibliothekar; Jagow kaum Laufbursche. Zimmermann allenfalls Hausknecht, Stumm ‚als Grenzfall' und halb unzurechnungsfähig sogleich zu entlassen."

Ballin war ein glühender Patriot. Er war Jude und wollte es bleiben, doch Deutschland und die deutsche Kultur nahmen bei ihm den Platz ein, den bei seinen Vorfahren der Glaube innegehabt hatte. Wolff bescheinigte Ballin folgerichtig „die Religion der deutschen Flagge". Ein Chauvinist aber war er nie. Das Gehabe der Alldeutschen, die Eroberungsträume deutscher Militärs waren für den Pragmatiker unerträglich – nicht zu vergessen die säbelrasselnden Auftritte seines kaiserlichen Freundes. 1911, als wegen der Marokko-Krise aus einem nichtigen Anlaß fast ein europäischer Krieg ausgebrochen wäre, stöhnte er in einem Brief an Ernst Francke: „Der heiße Sommer und die schlechte Politik sind hinreichend, einen nervösen Menschen krank zu machen. Sagen Sie mir nur, Verehrtester, warum schießen wir mit Kanonen auf Spatzen? Wenn wir nichts weiter wollen als die offene Tür in Marokko, warum senden wir dann das Schiffchen nach Agadir und setzen die ganze zivilisierte Welt in Weißglühhitze?"

Das „Schiffchen", das Kanonenboot „Panther", war Teil einer immer schneller wachsenden und der Weltöffentlichkeit gern drohend vorgeführten deutschen Kriegsflotte. Diese „schimmernde Wehr zur See" war das ebenso geliebte wie gefährliche Lieblingsspielzeug Wilhelms II. Freimütig gestand der Kaiser öffentlich ein, sich schon als Kind glühend „auch eine so schöne Flotte wie die englische" gewünscht zu haben. Zunächst hatte er sein frustriertes maritimes Interesse mit dem Malen von Panzerkreuzern und Seeschlachten abreagiert. Als er an die Regierung kam, wollte er endlich viele, viele Schiffe bauen – und damit vor allem vor der gekrönten britischen Verwandtschaft auftrumpfen.

Die riesige Kriegsflotte, die das Deutsche Reich Anfang dieses Jahrhunderts aufbaute, war das Werk des Admirals Alfred von Tirpitz, dem es gelang, die Obsessionen seines Herrschers zur vorrangigen Staatsaufgabe zu machen. Tirpitz, ein fanatischer Englandhasser, hatte die sogenannte „Risikotheorie“ ersonnen. Großbritannien, so der Admiral, sei der natürliche, ewig neidische Gegner des aufstrebenden Deutschen Reiches. Das „perfide Albion“ lauere immer auf eine Chance, den deutschen Handel von den Weltmeeren zu verjagen und den Deutschen den „Platz an der Sonne“ streitig zu machen. Deshalb müsse das Reich eine Flotte bauen, die es für die Briten zu riskant mache, Deutschland oder deutsche Schiffe anzugreifen. Tirpitz, von Zeitgenossen auch „der Vater der Lüge“ genannt, war skrupellos und dabei ein brillanter Werbemanager. Von ihm stammt die Idee, durch Matrosenkleidung der Kinder für die deutsche Kriegsmarine zu werben. Es fiel ihm leicht, den Kaiser, die England verabscheuende Kaiserin und den Reichstag für die „Risikotheorie“ und, als Konsequenz daraus, für den Flottenausbau zu gewinnen.

Das deutsche Bürgertum war begeistert, auch Hapag-Chef Albert Ballin. Er unterstützte Tirpitz nachdrücklich und wurde ein eifriger Förderer des Flottenvereins. Ein Kriegsschiff nach dem anderen lief vom Stapel, martialische Taufreden wurden gehalten, in denen stets auch der deutsche Friedenswille betont wurde.

Ballin und seine Hamburger und Bremer Kollegen sahen diese Machtdemonstrationen mit Befriedigung, nicht nur aus patriotischen, sondern auch aus durchaus praktischen Motiven. So meinte der Hapag-Chef: „Der Kommandant eines Kriegsschiffes im fremden Erdteil ist ein Agent für seine heimischen Handelsinteressen.“ Daß die britische Regierung zunehmend Verärgerung signalisierte, wurde hingenommen, störte aber niemanden. Zunächst jedenfalls nicht. Doch dann, 1908, kam es zum Bruch zwischen Ballin und Tirpitz. Der Generaldirektor der Hapag wurde zum erbitterten Kritiker des deutsch-britischen Wettrüstens. Er sah um diese Zeit längst das Ziel erreicht: Keine andere Seemacht würde mehr die deutsche Flotte angreifen, nicht einmal mehr die Kreise der Hapag stören. In der Vergangenheit nämlich waren deutsche Handelsschiffe zuweilen von britischen Kriegsschiffen auf hoher See angehalten und durchsucht worden.

Tirpitz und dem Kaiser aber reichte das nicht. „Weltgeltung“ hieß die Devise in Berlin. Immer gigantischer, immer teurer wurden die

Flottenbauprogramme, immer drohender die Reden. Offen rüsteten die Deutschen auf – und die Briten zogen mit. Die Beziehungen zwischen dem Deutschen Reich und Großbritannien verschlechterten sich rapide.

Ballin war entsetzt. Er, der „in London zu Hause“ war, der dort Geschäftspartner und politisch einflußreiche Freunde hatte, spürte die wachsende Spannung, sah das schrankenlose Wettrüsten auf einen verheerenden Krieg zutreiben. Eine militärische Auseinandersetzung aber hielt er, im Gegensatz zu vielen Landsleuten, nicht für den Weg zur Weltmacht, sondern für den in die Katastrophe. So versuchte er, zu vermitteln und dazu seinen Einfluß in beiden Ländern zu nutzen.

Wenn der Hapag-Chef in London war, pflegte er regelmäßig mit Sir Edward Grey zu speisen, der von 1905 bis 1916 britischer Außenminister war. Er traf häufig den liberalen Premierminister Sir Herbert Asquith und kannte Winston Churchill gut, der nacheinander Unterstaatssekretär für die Kolonien, Handelsminister, Innenminister und Erster Lord der Admiralität war. Befreundet war Ballin mit Sir Ernest Cassel, einem gebürtigen Deutschen, inzwischen Bankier und Vertrauter König Edwards VII. Diesen Kontakt verdankte er seinem Freund Max Warburg.

Obwohl Ballin britischen Firmen mehr Konkurrenz gemacht, englischen Reedern mehr Marktanteile abgejagt hatte als irgendein anderer Deutscher, war er in London hoch angesehen, ja sogar beliebt und als Schiedsrichter gefragt. Britische Reedereien weigerten sich zum Beispiel, strittige Poolfragen zu verhandeln, wenn nicht ausgerechnet er den Vorsitz führte. Dabei war es unbestritten, daß auch das rapide Wachstum der Hapag seinen Teil zu den deutsch-britischen Spannungen beitrug. 1914 etwa kündigte die Gesellschaft internationale Poolverträge, um im Zwischendecksverkehr größere Marktanteile für ihre neuen Riesenschiffe zu erzwingen. Das ging zwar vor allem auf Kosten des Norddeutschen Lloyd, dennoch war das Echo auch in britischen Zeitungen heftig: „Ballin hat der Welt den Krieg erklärt“, meinte der „Daily News Leader“, „und wenn unser Anspruch auf die Herrschaft der Meere bedroht ist, so kommt diese Drohung nicht von den deutschen Dreadnoughts, sondern von Herrn Ballin.“

Doch trotz derart schriller Töne gelang es den in der „Atlantic Conference“ verbundenen Reedereien auch dieses Mal wieder, ihre Differenzen zügig und friedlich beizulegen.

„Er traut dem Frieden nicht“

Seine Erfahrungen aus der Wirtschaft hoffte der Hapag-Chef auf die Politik übertragen zu können. Er wünschte zwischen England und Deutschland ein politisches Verhältnis, das dem der internationalen Handelsschiffahrt entsprach: scharfe Konkurrenz ja, aber fair, durch Verträge geregelt und möglichst freundschaftlich.
Den Mut, diese Forderung mit aller Deutlichkeit an allerhöchster Stelle vorzutragen, fand Ballin aber nicht. Das hätte ja bedeutet, den Ausbau der deutschen Flotte bei Seiner Majestät zu kritisieren. In einen Brief an Maximilian Harden klagte er später – viel zu spät: „Ich brauchte den deutschen Flottenschutz für meine Schiffe nicht, und ich hätte das dem Kaiser eindringlicher sagen sollen, doch ich habe mich dazu nie wirklich aufraffen können. Wir waren doch alle schwach dem Kaiser gegenüber. Keiner wollte seinen kindlich-frohen Optimismus trüben, der in eine fast haltlose Depression umschlug, wenn man eines seiner Lieblingsthemen kritisierte. Und hier stand der Flottenbau an erster Stelle. Nun haben wir das Ergebnis unseres Mangels an Mut!“
Schon zuvor waren in Ballins Briefen und Gesprächen immer häufiger ähnliche Erkenntnisse aufgetaucht. Ihn machte die politische Entwicklung krank. Unvermittelt, ohne erkennbare Ursache, bekam er oft hohes Fieber. Er litt unter Magengeschwüren und quälender Schlaflosigkeit. Selbst mit immer größeren Dosen von Brom und Veronal fand er keine Ruhe mehr. Monatelang plagte er sich mit schweren, schmerzhaften Neuralgien. Diese Symptome

zeigten sich besonders, nachdem 1909 und dann noch einmal drei Jahre später seine Versuche gescheitert waren, der faire Mittler zwischen deutschen und britischen Interessen zu sein.

Reichskanzler von Bülow verfolgte im Winter 1908/09 den Plan, sich mit den Briten über den Flottenausbau zu verständigen. Admiral von Tirpitz versuchte, das zu hintertreiben. Entschieden wehrte er sich dagegen, den deutschen Schiffbau zu verlangsamen. Tirpitz und seine Mitarbeiter verfolgten die harte Linie: erst aufrüsten, dann verhandeln! Wenn Deutschland zur See noch stärker geworden sei, werde London sich schon irgendwann zu einer annehmbaren Verständigung mit Berlin bereitfinden.

Da die militärischen Ressorts nicht der politischen Leitung unterstellt, sondern gleichgeordnet waren, konnte die Marineleitung de facto eine eigene Englandpolitik betreiben. Das zu verhindern wäre Aufgabe des Kaisers gewesen. Der aber war nicht willens, den Primat der politischen Führung sicherzustellen, im Gegenteil: Für ihn zählten militärische Argumente und Statusfragen mehr als politische Überlegungen. 1898 schon hatte Wilhelm II. Tirpitz zum Chef des Reichsmarineamtes ernannt, der ihm – und nur ihm allein – direkt unterstellt war. Seitdem hatte der Admiral die Möglichkeit, eine eigene Außenpolitik zu machen. Das sollte sich als verhängnisvoll erweisen.

Privatdiplomatie: (v. l.) Sir Ernest Cassel, Albert Ballin, Felix Cassel und Max Warburg treffen sich 1913 in London. Diskret versuchen sie immer wieder, die diffizilen deutsch-britischen Beziehungen zu verbessern.

Doch immerhin stimmte der Kaiser zu, als Ballin anbot, nach London zu reisen und dort mit seinem Freund Sir Ernest Cassel einmal grundsätzlich über die deutsch-britischen Differenzen zu reden. Das Ergebnis war zunächst recht mager. Es folgte ein informeller diplomatischer Notenaustausch, an dem Ballin nicht beteiligt war. Er wurde jedoch regelmäßig vom Reichskanzler informiert und blieb in ständigem Kontakt mit seinen Londoner Freunden.
Im Sommer 1909 traf er sich noch einmal mit Sir Ernest Cassel. Während der Kieler Woche 1909 berichtete er darüber dem Kaiser und bat um die Vollmacht, Sondierungsgespräche in England führen zu dürfen. Ziel sollte es sein, dadurch formelle Verhandlungen einzuleiten, die auf deutscher Seite von Admiral Tirpitz geführt werden sollten.
„Das ist mein eigenstes Ressort, in das ich keine Eingriffe erlauben kann", reagierte erbost Reichskanzler Theobald von Bethmann-Hollweg, der just in diesen Tagen, die der Kaiser in Kiel verbrachte, Nachfolger Bülows geworden war. Auch er war für eine deutsch-britische Verständigung, wollte die Verhandlungen aber auf alle Fälle selbst führen: „Ich habe mich gründlich in diese Materie eingearbeitet, die Akten fleißig studiert." Dieser durchschlagenden Argumentation glaubte Wilhelm II. sich nicht entziehen zu können, zumal er in letzter Zeit reichlich Ärger gehabt hatte. Zu Ballin sagte er: „Sie haben sein pikiertes Gesicht gesehen! Ich kann doch nicht die Ära Bethmann-Hollweg mit einem Krach beginnen, nachdem die Ära Bülow soeben mit einem solchen geendet hat. Aber wie eifersüchtig der Junge ist!"
Vorausgegangen war die berüchtigte Daily-Telegraph-Affäre. Der Souverän, von dem man seufzend sagte, er sei „so diskret wie ein Kanonenschuß", hatte freimütig geplaudert und dabei mit politisch hochbrisanten Dummheiten nicht gespart. Er hatte die Briten als „verrückt wie die Märzhasen" bezeichnet, hatte allen Ernstes behauptet, er, Wilhelm, habe für England den Burenkrieg gewonnen und hatte unter anderem auch noch hinzugefügt, Deutschland baue seine Flotte gar nicht gegen England, sondern für einen Einsatz im Fernen Osten und im Stillen Ozean.
Mehr außenpolitisches Porzellan hätte sich selbst in bösester Absicht nicht auf einmal zerschlagen lassen. „Es ist der Gipfel der Entgleisung", räumte selbst Ballin niedergeschlagen ein. Für den Kaiser, der der Veröffentlichung begeistert zugestimmt hatte, trug

der Reichskanzler die alleinige Verantwortung. Nach einer Anstandsfrist mußte Bernhard von Bülow gehen. Damit war im Grunde jede Chance für eine deutsch-britische Verständigung vertan, denn Bethmann-Hollweg, von den Sozialdemokraten spöttisch „die lange Unzulänglichkeit“ und von Ballin süffisant „Bülows Rache“ genannt, war zwar guten Willens, aber alles andere als ein begnadeter Außenpolitiker.
Ballins Vorschlag, Tirpitz die Verhandlungen mit England zu übertragen, war typisch für den Reeder. Er hielt den Admiral für das Haupthindernis eines Flottenabkommens und kannte dessen politischen Ehrgeiz. Gelänge die Verständigung mit London, so überlegte Ballin, wäre Tirpitz’ Wunsch, einmal der große Politiker zu sein, in Erfüllung gegangen, und er würde sich einer Vereinbarung nicht mehr in den Weg stellen können. Bei einem Scheitern – und das war wahrscheinlicher – stünde der Admiral als Alleinschuldiger da.
Bald jedoch verfügte der Reichskanzler, die Flottengespräche auf regulären diplomatischen Wegen zu führen. Damit war Ballin ausgeschlossen, Tirpitz aber auch. Bis 1910 ließen beide Mächte ihre Botschafter miteinander informell über die Flottenfrage reden. Eine Annäherung haben die diplomatischen Gespräche nicht gebracht, im Gegenteil. „Die Welt ist friedlos geworden“, schrieb Ballin im Januar 1912 an Harden. „Die Rüstungen zu Land und zu Wasser müssen schließlich zum Zusammenstoß führen.“
Um diesen Zusammenstoß doch noch abzuwenden, ließ der Reeder seinen Freund Cassel im selben Monat wissen, in Berlin werde eine weitere Flottennovelle vorbereitet. Zusätzliche Schiffe sollten gebaut werden. Diese Ankündigung, von Cassel an die britische Regierung weitergegeben, veranlaßte diese, ihren Kriegsminister Haldane umgehend nach Deutschland zu schicken. Haldane forderte einen Verzicht auf die zusätzlichen Schlachtschiffe, wenigstens aber eine Verlangsamung des Bauprogramms. Als Gegenleistung versprach England zwar ein politisches Abkommen, nicht aber das von der deutschen Regierung gewünschte Neutralitätsabkommen. Das lehnte Haldane mit Rücksicht auf die Beziehungen seines Landes zu Rußland und Frankreich ab. Schließlich lenkten der Kaiser und der Kanzler ein und verlangten zumindest ein deutsch-englisches Nichtangriffsabkommen, ehe der Ausbau der Flotte verlangsamt werde. Der britische Kriegsminister nahm diesen Vorschlag nach London mit.

Dort hielten die Marineexperten ihrem Minister vor, einen ganz wichtigen Punkt übersehen zu haben: die ebenfalls geplante Mannschaftsverstärkung auf deutscher Seite, bei der es auf alle Fälle bleiben sollte. Wenn dem so sei, müsse man auch in England entsprechend aufrüsten.

Wilhelm II. wies Bethmann nachdrücklich an, keine wie immer geartete Konzession bei der Mannschaftsstärke zu machen. Die Verhandlungen drohten zu scheitern. Bethmann aber war entschlossen, die Gespräche wieder in Gang zu bringen. Er erinnerte sich der guten Kontakte Ballins und bat ihn, „durch diskrete private Unterstützung“ den Meinungsaustausch in Gang zu halten. Als Helfer auf der anderen Seite des Kanals war wieder Sir Ernest Cassel gefragt. Der Hamburger suchte ihn in London auf, reiste jedoch zuvor nach Paris, um dort den französischen Standpunkt zu einer deutsch-englischen Entente zu erkunden. Die Franzosen äußerten keine Einwände.

In London traf sich der Hapag-Chef mit führenden britischen Politikern, darunter Winston Churchill. Stundenlang wurde diskutiert, und am Ende meinte Ballin, die britische Regierung sei zu einem Entgegenkommen bereit.

„Euer Majestät, ich bringe das Bündnis mit England!“ verkündete er strahlend und hoffnungsvoll nach seiner Rückkehr dem Kaiser in Berlin. Eine entsprechende Nachricht werde umgehend eintreffen.

Damit immerhin behielt er recht. Doch die Antwort aus London sah anders aus, als Ballin es erhofft hatte. England lehnte ab. Der Reeder hatte sich gründlich geirrt – vielleicht, weil er die harte Haltung der britischen Regierung nicht zur Kenntnis nehmen wollte. Endgültig wolle er sich nach diesen bitteren Erfahrungen von der Politik zurückziehen, sagte Ballin niedergeschlagen zu seinen Freunden.

Und tat genau das Gegenteil. Zu sehr quälte ihn die Vorstellung, daß aus einer überschätzten politischen Meinungsverschiedenheit ein verheerender europäischer Krieg entstehen könnte.

„Ich halte einen Krieg für unvermeidbar – und je eher je besser“, sagte Helmuth von Moltke, der Chef des Kaiserlichen Generalstabes, unmittelbar nach dem Scheitern der Haldane-Mission im Dezember 1912, und auch der Kaiser und Admiral von Tirpitz waren dieser Ansicht. Vom Ergebnis der vertraulichen Konferenz dürfte auch Ballin irgendwann erfahren haben. „Ich habe erkennen müssen, daß die obwaltenden Verhältnisse und Einflüsse viel stärker sind als ich es zu sein vermöchte“, schrieb er um die gleiche Zeit an Harden. Er wußte nun, daß er, der Außenseiter, gegen das politisch-militärische Establishment zweier Nationen keine Chance hatte.

Immer öfter machte der Hapag-Chef einen bedrückten, niedergeschlagenen Eindruck. „Er traut dem Frieden nicht“, flüsterten viele hinter vorgehaltener Hand und ahnten nicht, wie recht sie damit hatten. Kaum jemand konnte Ballins Pessimismus verstehen. War er doch mit der Hapag inzwischen auf einem strahlenden Höhepunkt seiner Karriere angekommen. Die Gesellschaft würde drei sensationelle Luxusliner in Dienst stellen, Schiffe, die alles übertreffen würden, was je auf den Meeren gefahren war. 1912 war der erste der Giganten in Hamburg vom Stapel gelaufen: „Imperator“, der „Kaiser des Ozeans“.

Deutschlands „Titanic“

1907 hatte sich die britische White Star Line, die finanziellen Mittel des Morgan-Trusts im Rücken, entschieden, ein Trio von gewaltigen Spitzenschiffen zu bauen, die 1911/12 in Fahrt kommen sollten. Ihre Namen: „Olympic“, „Titanic“ und „Gigantic“. Ballin hatte daraufhin vorgeschlagen, dem immer rascheren, immer kostspieligeren Sich-Überbieten der Schiffahrtsgesellschaften auf der Nordatlantikroute mit einem Abkommen Schranken zu setzen. Doch die Briten hatten kategorisch abgelehnt. Wirtschaftlich sei Ballins Vorschlag zwar überaus sinnvoll, aber ein derartiges Arrangement würde den Deutschen einen zu großen Einfluß auf britische Schiffahrtsinteressen einräumen.
Nachdem es also nicht möglich gewesen war, das maritime Wettrüsten zu stoppen, entschloß sich die Hapag, die Herausforderung anzunehmen, und mehr als das: Ihr Schiffsneubau, dem ebenfalls noch zwei weitere folgen sollten, übertrumpfte die „Olympic“-Klasse noch einmal deutlich. Der erste von „Ballins dicken Dampfern“ entstand auf den Hamburger Helligen der Stettiner Vulcan-Werft. Der rasch wachsende Koloß wurde beinahe ein Wahrzeichen des Hafens.
Luxusliner, „die größten von Menschenhand geschaffenen beweglichen Gegenstände“, wie damals geschwärmt wurde, waren nicht nur prosaische Transportmittel. Sie waren die schwimmenden Statussymbole ihrer Epoche und ihrer Heimatländer. Sie trugen friedliche Wettbewerbe aus, publicityträchtige Konkurrenzen um

Leistung und Luxus. Nichts sonst bot dem begeisterten Massenpublikum daheim so viel Glamour, so viel patriotisches Hochgefühl, so viel weite Welt mit einem Hauch von Abenteuer und Gefahr, kurz: so viel angenehme Ablenkung vom grauen Alltag.
Für Adel und Geldadel waren Schiffsreisen hochmoderne gesellschaftliche Ereignisse. Man residierte erster Klasse und ließ sich sehen und standesgemäß verwöhnen. Bescheidener, aber durchaus gediegen reisten die Passagiere der zweiten und dritten Klasse. Ganz unten im gleichen Schiff drängten sich die vielen Auswanderer, die voller Spannung, Angst und Hoffnung einem neuen Anfang entgegensahen. Nirgendwo sonst gab es einen derartigen Mikrokosmos der Gesellschaft, mit strengen Abgrenzungen und doch auf engstem Raum, auf einem einzigen Kiel. So viele technische und nautische Höchstleistungen waren noch nie mit derartigem Komfort kombiniert gewesen. Nie vorher und niemals danach haben sich gleichzeitig so viel öffentliches Interesse, so viele Träume und so viel hohe Politik auf ein einziges Objekt konzentriert. Da kam natürlich nur ein einziger Taufpate in Frage: der Deutsche Kaiser und König von Preußen.
Doch sechs Wochen vor der mit Spannung erwarteten Taufe veränderte sich über Nacht die Welt. Am 14. April 1912 rammte die nagelneue „Titanic" einen Eisberg, sank binnen drei Stunden und riß über 1500 Menschen in den Tod. Der Traum vom unbegrenzten Fortschritt war ausgeträumt. Die See, eben noch scheinbar ein Verkehrsweg wie alle anderen, hatte jäh ihre Schrecken wieder.
Hastig zog die Hapag umfassende Lehren aus dem Desaster. Als erstes großes Passagierschiff überhaupt wurde ihr Neubau mit ausreichend Rettungsbooten für alle Menschen an Bord ausgerüstet. Die Schotten waren bis weit über die Wasserlinie hochgezogen. Der Dampfer verfügte über neueste Navigations- und Sicherheitseinrichtungen und wurde gleich von fünf Kapitänen geführt. Die technischen Daten des Giganten, eines Vierschrauben-Dampfers mit drei Schornsteinen, sprachen für sich: 52 117 BRT, fast doppelt so groß wie das bisherige Flaggschiff der deutschen Handelsflotte, 7000 Tonnen mehr als die „Titanic", 277 Meter lang, fast 30 Meter breit und 75 Meter hoch. Das waren die Ausmaße eines modernen Containerschiffes, ein knappes Menschenalter nachdem die Hapag mit einem Segelschiff von 538 BRT ihren Liniendienst eröffnet hatte. Ein derartiges Wunderwerk der Technik war unvorstellbar und faszinierend zugleich für die rekord-

Schwimmendes Statussymbol: Seiner Majestät Täufling wird zum ersten Mal elbabwärts geschleppt. Die Fahrt verlief für die Reederei nicht ganz wunschgemäß – um so mehr aber für das Publikum: Ebbe hielt den „Imperator" vor Altona fest, und am Ufer drängten sich Tausende, um den Stolz Hamburgs endlich ausgiebig zu bewundern.

verliebten Zeitgenossen. Der Riese wurde als erster deutscher Luxusliner von vier Dampfturbinen angetrieben. Sie leisteten maximal 74 000 PS und erlaubten eine Durchschnittsgeschwindigkeit von 23 und eine Höchstgeschwindigkeit von 24 Knoten, Schnelldampfertempo also. 1180 Mann Besatzung dienten den etwa 4500 Passagieren: 344 Heizer und Trimmer schaufelten im Akkord täglich 1000 Tonnen Kohle in die 46 Kessel, in der Maschine arbeiteten 422 Mann. Dagegen gab es nur noch 84 Matrosen an Deck. Über 500 Besatzungsmitglieder sorgten für Service vom Grandhotel abwärts: 271 Stewards und Stewardessen, 116 Köche, dazu Schlachter, Silberputzer, Fitneßtrainer, Bademeister und sogar ein Gärtner für das Treibhaus an Deck und die vielen Palmen in den Salons.

Kurz vor dem Stapellauf gab es dann ein Problem: Dem erlauchten Paten paßte der vorgesehene Name nicht. Ballin wollte den herausfordernden Giganten in einer verbindlichen Geste „Europa" nennen. Wilhelm II. dagegen, der sich selbst „Imperator

Rex" zu titulieren liebte, favorisierte „Imperator", „der Herrscher". Dieser allerhöchste Wunsch war den Hamburgern Befehl. Im Gegensatz zum allgemeinen Brauch war dieser Dampfer männlich, hieß also nicht „die", sondern „der ‚Imperator'".
Am 23. Mai 1912 taufte ihn dann der Kaiser, im größten Open-Air-Spektakel, das Hamburg bis dahin gesehen hatte. Es war ein Tag, an dem wie in einem Prisma alle Facetten der Bedeutung, der besonderen Rolle der Hapag sichtbar wurden: der technische Fortschritt, die Spitzenleistung unzähliger Menschen, Glamour und harte Arbeit, nüchterne Wirtschaft und große Politik.

Supershow im Schmuddelwetter: Kaiser Wilhelm II. (Mitte mit weißer Mütze) zusammen mit Bürgermeister Burchard (links) und Ballin (rechts hinter dem Kaiser) begibt sich am 23. Mai 1912 durch ein Spalier von Regenschirmen zum „Imperator"-Stapellauf auf der Hamburger Vulkan-Werft.

Das Selbstverständnis einer Stadt und einer ganzen Epoche spiegelte sich in der Taufrede des „königlichen Bürgermeisters" Burchard: „Schon jetzt ist es ein Triumph deutscher Schiffbaukunst, zukunftsfroher Machtstellung auf allen befahrenen Meeren. Vor allem aber stellt es sich dar als eine Schöpfung hochkultivierter Friedenszeit des unter der Kaisermacht blühenden selbstbewußten Bürgertums. Unter dem Schutze der Kaisermacht hat sich die glänzende Entwicklung vollzogen, der wir unsere Kriegsmarine und unsere stolze Handelsflotte verdanken. Euer Majestät wird vor dem untrüglichen Urteil der Geschichte der Ruhm verbleiben, den maritimen Gedanken in das Reich hineingetragen, das ganze deutsche Volk dem Meere vermählt zu haben."

Ruhmreiche Mahlzeiten der deutschen Schiffsküche

„Was gäbe es Friedlicheres als die Reise eines Handelsdampfers von Weltteil zu Weltteil?“ fragte die Hapag, als sie ihr neues Flaggschiff im Sommer 1913 in Dienst stellte. „Aber wenn es so in seiner ungeheuren Körperlichkeit, in seiner dampfbewegten Kraft und seinem Riesenpanzer aus Stahl die breiten Wogen des Ozeans zehn Meter tief auseinanderpflügt, ist es doch zu stark, zu mächtig, zu drohend, als daß es nicht zugleich als ein Kriegsfahrzeug erscheinen müßte. Und es ist ein Kriegsschiff in seinem Sinn. Ein Kriegsschiff nicht gegen Menschen, aber gegen das elementare Meer!“

Ein friedliches, drohendes Kriegsfahrzeug – das war exakt jene merkwürdige Mischung aus Waffenstolz und Friedensbeteuerungen, die die Nachbarn des Kaiserreiches so nachhaltig irritierte. Wie sich das wilhelminische Deutschland inzwischen gerne symbolisiert sah, zeigte peinlich genau die einzigartige Galionsfigur, die den „Imperator“ zierte, oder besser: verunzierte. Am Bug des Schiffes, das einmal „Europa“ hatte heißen sollen, prangte eine bronzene Imponiergebärde, eine Abscheulichkeit von 16 Metern Spannweite. Der deutsche Wappenadler dräute mit gespreizten Schwingen und aufgerissenem Schnabel martialisch über das Meer. Auf dem Kopf thronte die Kaiserkrone, die gewaltigen Fänge ruhten auf einer winzigen Weltkugel mit dem Hapag-Wahlspruch: „Mein Feld ist die Welt“.

In dieser auffälligen Diskrepanz zwischen völkerverbindender

Belle Époque für Gutbetuchte: Wintergarten des „Imperator" mit Blick auf das Ritz-Carlton-Restaurant

Aufgabe und aggressiver Geste spiegelte der „Kaiser des Ozeans" wie nichts sonst den Widerspruch seiner Heimat: friedliche, gedeihliche Entwicklung auf der einen und gefährliche politische Hybris auf der anderen Seite. Doch dem Adler ging es wie dem Anspruch, den er verkörpern sollte: Seine Zeit war nur noch knapp bemessen. Im März 1914 schwemmte eine Sturzsee den Vogel über Bord. Nur ein gebrochener Flügel blieb zurück. Die Hapag verzichtete auf eine Neuauflage.

Genauso vollendet wie den Hang zu teutonischem Auftrumpfen aber repräsentierte der Schiffsriese auch den wirklichen Erfolg seines Landes. Er war ein Meisterstück „made in Germany". Technik, Nautik und Service – alles an Bord war nahezu perfekt, liebevoll und gastfreundlich ausgeklügelt bis ins letzte Detail. Die Werbung dafür geriet dann mitunter wieder unfreiwillig komisch: „Neun große Speisesäle versammeln täglich die Passagiere zu den ruhmreichen Mahlzeiten der deutschen Schiffsküche."

Doch selbst sehr kritische Gäste wie Alfred Kerr waren von dem Giganten fasziniert: „Als ich das Riesendeck entlangsah, kam über mich ein Gefühl frohlockender Bewunderung, das ich beim Umherwandern im hohen Gestänge des Eiffelturms gespürt hatte.

Erstarrte Imponiergebärde, Sinnbild eines martialischen Zeitgeistes: der dräuende Galions-Adler des „Imperator". Bronze von Professor Bruno Kruse.

Ein Glück über technischen Mut. Ich billige durchaus den hier betätigten letzten Luxus; weil er ein menschliches Verwegenheitsmerkmal im großen Preisgegebensein an Wind, Fische, Wogen, Einsamkeit ist. Ich bewundere dies entwickeltste Schiff der Erde, weil es nicht allein das Notwendige, sondern das Überschüssige gibt."

Was er damit meinte, zeigt ein Auszug aus der Proviant-Ladeliste: „45 000 Pfund frisches Fleisch, 8500 Pfund Wild und Geflügel, 8000 Pfund Hummer, Krebse und Austern, 100 000 Pfund Kartoffeln, 48 000 Eier, 25 000 Pfund frisches Gemüse, 60 Fässer Salz, 3000 Flaschen Champagner, 13 000 Liter echte und 15 000 Liter Hamburger Biere."

Auch in den unteren Klassen war das Essen reichlich und gut, und sogar die Ärmsten an Bord wurden mit nie dagewesenem Komfort umworben. Erstmals bezogen auch alle Zwischendeckspassagiere Kabinen, die oberhalb der Wasserlinie lagen und Tageslicht hatten. Auf dem „Imperator" war die Zeit der Massenquartiere vorbei.

Die Abschiedsgala des Kaiserreiches

Knapp ein Jahr nach der „Imperator"-Taufe lief das nächste Schiff der Baureihe vom Stapel, zunächst wieder als „Europa" geplant, schließlich jedoch „Vaterland" getauft. Als dieses größte und luxuriöseste Passagierschiff, das je unter deutscher Flagge gefahren ist, im Mai 1914 die erste Reise antrat, traf das „Hamburger Fremdenblatt" den Ton teutonischer Großmannssucht genau: „Führer wollen wir sein! Deutschland in der Welt voran! Hier ist ein Produkt deutscher Arbeit, deutschen Fleißes! Habt ihr Besseres oder auch nur Gleichwertiges zu zeigen?"

Am 20. Juni 1914 wurde der dritte Riesendampfer, die „Bismarck" getauft, bejubelt von zahllosen enthusiastischen Zuschauern, darunter Seine Majestät der Kaiser. Noch einmal lag, für jedermann sichtbar, Deutschlands Zukunft auf dem Wasser.

Doch Ballin wußte nur zu genau, daß es um diese Zukunft schlecht bestellt war. Im Frühjahr 1914 hatte er zusammen mit seinem Freund Cassel wieder einen Vermittlungsversuch unternommen. Optimistisch hatte er gemeint, es genüge, wenn man nur einmal Tirpitz und Churchill zusammenbringe. Die Kieler Woche schien ihm für ein derartiges Treffen die geeignete Gelegenheit zu sein. Doch wieder einmal zeigte sich die Borniertheit des Kaisers.

Wilhelm II. meinte, einen Protokollfehler entdeckt zu haben. Erst, so seine Order, müsse die englische Regierung in Berlin höflichst anfragen, ob Winston Churchill überhaupt genehm sei, dann werde man erklären, daß er mit Freuden begrüßt würde. So hieß

Noch einmal liegt Deutschlands Zukunft auf dem Wasser, noch einmal weht „die Flagge schwarz-weiß-rot“ bei Kaiserwetter. Ballin begleitet Wilhelm II. zum Stapellauf der „Bismarck“ bei Blohm &Voss. Es ist der 20. Juni 1914. Eine Woche später fallen die Schüsse von Sarajevo.

es offiziell. Gegenüber Ballin aber ließ man durchblicken, es sei wohl besser, wenn der Erste Lord nicht nach Kiel reise.

Da man in London zu dem gleichen Schluß gekommen war, wurde auch diese Chance vertan. Es wäre die letzte gewesen. Ballin wirkte angegriffen und deprimiert, als er bei der „Bismarck“-Taufe den Kaiser traf und ihn zwei Tage später zu einem Gala-Frühstück in seinem Haus in der Feldbrunnenstraße empfing. Als ein Historiker den Generaldirektor kurz zuvor gefragt hatte, was wohl im Falle des „großen Krieges“ aus der Hapag werden würde, hatte ihm Ballin nur freundlich die Hand auf die Schulter gelegt und mit einem Sprichwort geantwortet: „Lieber Doktor, wenn der Himmel einfällt, sind alle Spatzen tot.“

Nun, Ende Juni 1914, war es so weit. Die strahlenden Frühsommertage in Hamburg und Kiel sahen die Abschiedsgala des wilhelminischen Kaiserreiches. Eine Woche später fielen die Schüsse von Sarajevo. Von Rußland unterstützte serbische Anarchisten ermordeten dort den österreichischen Thronfolger Franz Ferdinand und dessen Gemahlin Sophie. Europa stand am Abgrund.

„Lieber Freund, lassen Sie uns nicht in den Krieg gehen!“

„Das bedeutet Weltkrieg“, war die spontane Reaktion Max Warburgs, als Ballin ihn von Kiel aus telefonisch informierte. Dennoch – oder deswegen? – zog sich der Hapag-Chef, erschöpft von all den Feierlichkeiten, zunächst in ein Sanatorium zurück. Dort erreichte ihn ein dringendes Telegramm von Gottlieb von Jagow, dem verantwortlichen Staatssekretär im Auswärtigen Amt, mit der Anfrage, ob er in London diskret sondieren könne, wie sich Großbritannien im Falle eines kontinentalen Krieges verhalten würde. Dieser kontinentale Krieg war in Wien und Berlin längst beschlossene Sache. Deutschland hatte Österreich-Ungarn nicht nur bedingungslose Unterstützung zugesichert, sondern auch massiv auf einen Militärschlag gegen Serbien gedrängt. „Mit den Serben muß aufgeräumt werden, und zwar bald!“ hielt Wilhelm II. in den Akten fest. „Immer feste auf die Füße des Gesindels getreten!“ Als Zeitpunkt empfahl er: „Jetzt oder nie!“

Die deutschen Diplomaten wußten genau, daß damit Rußland als Schutzmacht Serbiens und Frankreich als Bündnispartner Rußlands involviert waren, daß also ein großer europäischer Krieg unvermeidlich wurde. Doch Jagow meinte naßforsch: „Je entschlossener sich Österreich zeigt, je energischer wir es stützen, um so eher wird Rußland still bleiben. Einiges Gepolter in Petersburg wird zwar nicht ausbleiben, aber im Grunde ist Rußland nicht schlagfertig. Frankreich und England werden jetzt auch den Krieg nicht wünschen ... Ich will keinen Präventivkrieg, aber wenn der Kampf sich bietet, dürfen wir nicht kneifen."

Die Sorge der Wilhelmstraße galt lediglich Großbritannien, das Frankreich in der „Entente cordiale" verbunden war. Jagow veranlaßte darum Ballin, die letzte und undankbarste jener Missionen zu übernehmen, von denen Wolff später sagte: „Man benutzte ihn gern in delikaten Fällen, aber wenn er sich dabei den Hals gebrochen hätte, hätte man sich sehr gefreut."

Dieses Mal brach er sich den Hals. Am 20. Juli, drei Tage vor dem österreichischen Ultimatum an Serbien, traf der Hapag-Chef in der britischen Hauptstadt ein. Angeblich war er auf einer Geschäftsreise, um über Ölkontrakte zu verhandeln. Der deutsche Botschafter, Fürst Lichnowsky, war über Ballins Mission nicht unterrichtet. Das sollte sich als verhängnisvoll erweisen, denn so wußte Ballin, von Jagow nicht informiert, auch nicht, wie der deutsche Diplomat die Situation einschätzte. Lichnowsky war sich sicher, England werde einen deutschen Angriff auf Frankreich unter keinen Umständen dulden.

Ballin kam zu einem anderen Ergebnis. Wie das geschehen konnte, ist bis heute umstritten. Am Tag des österreichischen Ultimatums an Serbien dinierte er mit dem britischen Außenminister, dem Präsidenten des Staatsrates und auch Lord Haldane, der viel später in seinen Memoiren schrieb, bei dieser Begegnung hätten der Außenminister und er dem deutschen Gast übereinstimmend gesagt: „... daß, bei allen guten Beziehungen, die England und Deutschland im Augenblick noch miteinander verbinden, ihre Aufrechterhaltung davon abhängt, daß Deutschland Frankreich nicht angreift. Wäre das der Fall, könnte Deutschland nicht auf unsere Neutralität rechnen."

So hat es Ballin aber offenbar nicht verstanden. In einem Brief an Haldane hielt er fest, „daß England sich nur dann zu einer kriegerischen Intervention veranlaßt sähe, wenn Deutschland darauf aus wäre, ‚to swallow up' Frankreich; in anderen Worten: wenn das Gleichgewicht der Kräfte durch deutsche Annektionen französischen Gebietes weitgehend verändert würde."

Der deutsche Unterhändler hatte sich wahrscheinlich nicht erkundigt, wie die Briten dieses „to swallow up" definierten. Seiner Meinung nach, das geht aus Ballins Brief klar hervor, bedeutete es die Annektion französischen Staatsgebietes. Nach der offiziellen britischen Sprachregelung war der Tatbestand des „swallow up" jedoch bereits erfüllt, wenn deutsche Truppen die französische Grenze überschritten. In London traf sich Ballin auch mit Winston Churchill, der diese Begegnung in seinen Memoiren festgehalten hat: „Ich konnte nicht mehr sagen, als daß ich die Annahme, England würde zwangsweise zuschauen und nichts unternehmen, für einen großen Fehler hielte und fügte hinzu, daß England von Fall zu Fall Stellung nehmen würde. Er antwortete und sagte mit tiefem Ernst: ‚Angenommen, wir müßten mit Rußland und Frankreich Krieg führen, und angenommen, wir besiegten Frankreich, ohne ihm in Europa etwas wegzunehmen, nicht einen Fußbreit seines Gebietes, höchstens einige Kolonien, um uns schadlos zu halten. Würde das einen Unterschied in Englands Haltung ausmachen? Nehmen Sie an, wir gäben vorher eine entsprechende Garantie.' Ich blieb bei meiner Formel, daß England zu den Ereignissen von Fall zu Fall Stellung nehmen würde, und daß es ein Fehler wäre anzunehmen, England bliebe draußen, einerlei was geschehe."

Das sind deutliche Worte – und dennoch hat Ballin sie mißverstanden, oder er wollte sie nicht verstehen. Churchill hatte ihn zum Abschied umarmt und mit Tränen in den Augen beschworen: „Lieber Freund, lassen Sie uns nicht in den Krieg gehen!" So berichtete Ballin schließlich nach Berlin, daß die Briten eventuell neutral bleiben würden, wenn man kein französisches Gebiet annektiere. Zudem sei die Stimmung im Lande kriegsfeindlich.

In wirtschaftlichen Dingen war der Hamburger Reeder ein klar denkender Realist. In der Politik, das zeigt dieses Beispiel noch einmal, ließ er sich durch Wunschdenken leiten. Er sehnte aus persönlichen, politischen und geschäftlichen Gründen eine deutsch-britische Verständigung so sehr herbei und verabscheute Krieg als „Dummheit, die zur Explosion führt". Im Gegensatz zu Militärs und Politikern wußte er auch, was eine derartige Explosion bedeuten würde – den Zusammenbruch seiner Welt und wohl auch das Ende der Hapag. So klammerte er sich an jeden Strohhalm.

„Generaldirektor Ballin über die politische Lage" hieß der Aufmacher des „Hamburgischen Correspondenten" am 29. Juli. Die Entscheidung über Krieg und Frieden liege in Petersburg, hatte Ballin dem Blatt mitgeteilt, und: „England hat keine Veranlassung, und die höchsten Stellen in England, das steht positiv fest, sehen keinen Grund, gegenwärtig Maßnahmen zu treffen, die auf den Fall gerichtet sind, daß England aktiv an einem kriegerischen Konflikt teilzunehmen hat. Man darf also England heute ausschalten, wenn man von den Parteien spricht, die geneigt sind, ihre militärische Kraft für die eine oder andere Gruppe in die Waagschale zu werfen."

Am 4. August erklärte Großbritannien Deutschland den Krieg. Ballin konnte es einfach nicht fassen. Nach seiner Rückkehr aus London war er zunächst wieder einmal krank geworden. Fieber schüttelte ihn. Er habe es „aus England mitgebracht", erklärte er doppeldeutig. Trotzdem reiste er nach Berlin und besuchte dort Reichskanzler von Bethmann-Hollweg. Bernhard von Bülow, dem er die Geschichte kurz darauf erzählte, hat sie in seinem Memoiren wiedergegeben: „Als Ballin in den Gartensalon zu ebener Erde eintrat, in dem damals so furchtbare Entschlüsse gefaßt wurden, sah er den Reichskanzler, der mit langen Schritten in großer Erregung im Zimmer auf und ab ging. Vor ihm saß an einem mit Folianten bedeckten Tisch der Geheime Rat Kriege, ein fleißiger, gewissenhafter, eifriger Beamter. Bethmann, so erzählte mir Ballin, richtete von Zeit zu Zeit an Kriege die ungeduldige Frage: ‚Ist die Kriegserklärung an Rußland noch nicht fertig? Ich muß meine Kriegserklärung an Rußland sofort haben!' Der ganz verstört aussehende Kriege suchte inzwischen in den bewährtesten Lehrbüchern des Völker- und Staatsrechts. Ballin erlaubte sich die Frage an den Reichskanzler: ‚Exzellenz, warum haben Sie denn eine so eno-o-orme Eile, Rußland den Krieg zu erklären?' Bethmann antwortete: ‚Sonst kriege ich die Sozialdemokraten nicht mit.'" Albert Ballin schätzte weder die politischen Fähigkeiten des Kanzlers noch die seiner Mitarbeiter sonderlich hoch ein. In diesem Augenblick war er, wie Bülow notierte, „völlig verstört": „Er war erschüttert, nicht nur über den Krieg, sondern fast noch mehr durch die ‚enorme Ungeschicklichkeit', mit der wir in den Krieg ‚hineingetapert' wären, und die Böses für den weiteren Gang der Ereignisse voraussehen ließe."

Ballin verglich Bethmann mit einem „gekränkten Schulmeister", der unablässig über den Undank Englands jammere, und warf ihm vor: „Da habe ich nun, wenn ich von mir reden darf, mein Leben hindurch etwas aufgebaut, das dem Deutschen Reich doch ungeheure Werte verschafft hat, und da kommen Sie und ein paar andere und werfen das alles um. Und ich bin nur ein Beispiel, dem ganzen Volk, der ganzen Volkswirtschaft geht es ebenso."

Doch vor allem sich selbst machte der Hapag-Chef wieder und wieder schwere Vorwürfe. Hatte nicht auch er versagt und damit zu diesem Krieg beigetragen? War er nicht schrecklich mitschuldig geworden?
„Ballin war von seinen englischen Freunden getäuscht worden", meinte der Bankier Carl Fürstenberg. „Dies änderte nichts an den niederschmetternden Gefühlen, mit denen er diese Entwicklung miterlebte. Daß ihn sein Bericht beim Kaiser diskreditiert hatte, daß nun viele in der Umgebung des Herrschers und die Kaiserin gegen ihn Stellung nahmen, war nicht das Schlimmste. Erschütternd war für einen glühenden Patrioten wie Ballin das Gefühl der Verantwortlichkeit gegenüber dem Vaterland. Er hielt sich immer wieder vor Augen, daß sein Bericht dazu beigetragen haben könnte, die deutschen Staatsmänner noch einen Schritt näher an den Abgrund treten zu lassen, als sie es ohnehin getan hätten. An dieser inneren Tragödie ist Albert Ballin zugrunde gegangen. Ich habe ihn während des Krieges noch oft genug gesehen. Er war vollständig verändert, ein seelisch gebrochener Mann."
Auf Hamburgs Straßen jubelten die Menschen den ausrückenden Soldaten zu wie überall im Reich. Spätestens Weihnachten, so nahm man an, würden die Regimenter siegreich heimkehren. Auch die Freunde Ballins, unter ihnen Max Warburg, waren von der nationalen Euphorie erfaßt: „Wir waren zuversichtlich. Wir waren es so sehr, daß Ballin immer wieder über uns den Kopf schüttelte."
In diesen Tagen stand der Reeder sehr allein: „Ein Verbrechen. Der dümmste und blutigste Krieg, den die Weltgeschichte gesehen hat."

„Mein Lebenswerk ist zerbrochen“

Niemand war Weihnachten wieder daheim. Im Februar 1915 begannen die mörderischen „Materialschlachten“ in Flandern und in der Champagne. Das „Material“, das Generalstabschef Erich von Falkenhayn, ein kalter, ebenso ehrgeiziger wie erfolgloser Technokrat, skrupellos verschliß, waren seine Soldaten. Die Hapag hatte bei Kriegsausbruch 25 554 Angestellte und Arbeiter gehabt. Die Hälfte von ihnen war sofort eingezogen worden in einen Krieg, der kein Ende nahm. Die Reederei leistete nun monatliche Zahlungen an die Familien aller Eingezogenen und unterstützte darüber hinaus diejenigen, die in Not gerieten. Eine reduzierte Stammbelegschaft erledigte Büroarbeiten, wartete die Schiffe und diente dem Reich, indem sie etwa die Auswandererhallen in Krankenhäuser umbaute oder das Rote Kreuz unterstützte. Ein großer Teil des Personals konnte so weiterbeschäftigt werden. Doch der Weltverkehr ruhte, und der Generaldirektor sah sein Lebenswerk zerbrechen. „Wie wahnsinnig dumm ist das Leben schon in normalen Zeiten“, stöhnte er, „wie ganz unerträglich wird es in diesem menschenmordenden Krieg.“

„Als ich Ballin am 20. November 1914 zum ersten Mal wiedersah“, schrieb Theodor Wolff, „fand ich ihn furchtbar niedergedrückt, pessimistisch über das Schicksal Deutschlands denkend, voll Bitterkeit und Gram über die Zerstörung seiner Lebensarbeit und gleichsam wie einen, der sich in seinen Kummer hineinbohrt und Zuspruch von sich weist. Er sagte – mit ähnlichen Worten wie sein Freund Bülow – das Volk verstehe gar nicht, in welcher Situation es sich befinde, in welcher entsetzlichen Situation. Man müsse die Pressezensur abschaffen und es den Menschen möglich machen, die Wahrheit zu sehen.

Als ich, nur um in die melancholische Unterhaltung einen anderen Ton zu werfen, die inhaltslose Phrase aussprach, der Friede könne vielleicht einmal über Nacht kommen, entgegnete er beinahe grimmig: ‚Das glauben Sie–?'"

Der Hapag-Direktor hatte in den ersten Augustwochen die undankbare Aufgabe übernommen, eine Reichseinkaufsgesellschaft zu gründen und zu leiten, die Deutschland während des Krieges mit Lebensmitteln versorgen sollte. An alles hatte man jahrelang gedacht: An präzise Mobilmachungspläne, an jedes Detail jeder Uniform, an penible, strikt einzuhaltende Grußvorschriften – und natürlich auch daran, wie die Beute verteilt werden sollte. Um die Ernährung der Zivilbevölkerung während der glorreichen Feldzüge hatte sich dagegen niemand gekümmert. Ein Krieg werde nur einige Wochen dauern, so nahm man an, und „die Leute" sollten währenddessen jubeln und ansonsten sehen, wie sie zurechtkamen. Am 2. August 1914 erschien ein hoher Beamter bei Ballin und erklärte ihm, daß es im Reich so gut wie keine Lebensmittelvorräte gebe, daß man „mit einem starken Mangel in kürzester Frist" rechne und bat ihn dringend, zu improvisieren, den Lebensmitteleinkauf zu organisieren.

Ballin, froh, helfen zu können, willigte ein und stellte der Regierung außerdem unentgeltlich den Apparat der Hapag zur Verfügung. Doch in Berlin stieß er auf ein Desinteresse, das ihn entsetzte und für ihn „an ein Verbrechen grenzte". „Es kostete schon unendliche Mühe", schrieb sein Adlatus Huldermann, „Geld in Berlin flüssig zu machen, denn für solche Zwecke war im Fall der Mobilmachung nichts vorgesehen. Heer, Marine und Zivil arbeiteten eifrigst nicht mit- sondern gegeneinander, und es dauerte lange Zeit, bis in das Chaos ein wenig Ordnung kam."

Theodor Wolff hielt Ballins angewiderte Bilanz später, 1915, im Tagebuch fest: „Er ist tief degoutiert von allem, was er in den letzten neun Monaten erlebt habe, und er versichert, er werde nach Schluß des Krieges jede Tätigkeit aufgeben und sich auf seinen Landsitz zurückziehen. Auch unsere vielgerühmte Organisation sei in keiner Weise besser gewesen als die der gegnerischen Mächte. Im Kriegsministerium war man höchstens auf einen kleinen Krieg

vorbereitet. Man habe mit dem Geld des Reiches wahnsinnig gewirtschaftet. Bei Beginn des Krieges habe er darauf aufmerksam gemacht, daß man in Portugal billig Kakao und in Italien billig Makkaroni haben könne. Man habe ihm geantwortet: ‚Kakao trinkt die Armee nicht', ‚Makkaroni ißt die Armee nicht'."
Nun hatte vor allem die Zivilbevölkerung immer weniger zu essen. „Was die Leute schwer entbehren", schrieb Ballin im Oktober 1915, „ist Butter, Margarine, Schmalz und selbst andere minderwertige Fettstoffe. Die Arbeiterbevölkerung ist heute nicht mehr daran gewöhnt, die Kartoffel nur mit Salz zu essen und das Brot ohne Schmalz und Margarine."
Der Fettmangel war erst der Anfang einer Hungersnot, die schließlich Hunderttausende töten sollte. Die Regierung ließ das völlig kalt, solange die Zivilisten stillhielten und möglichst auch noch Kriegsanleihen zeichneten.
„Schon vor mehr als sechs Monaten habe ich den Reichskanzler persönlich vor der Zeit gewarnt, die wir jetzt durchleben", klagte Ballin im Herbst 1915. „Ich habe ihn daran erinnert, daß auch der Patriotismus eine Magenfrage sei und daß wir zum Winter in große Bedrängnis geraten würden. Ich habe – unter uns gesagt – den Eindruck, daß der Reichskanzler sich damals und auch später sehr wenig um diese Sache gekümmert hat."
Der Hapag-Chef gab bald die Leitung der Reichseinkaufsgesellschaft nach Berlin ab, doch er hatte sich mit seinem Engagement viel Haß zugezogen. Die Gesellschaft hatte lediglich die Aufgabe, Lebensmittel zu erwerben, mit der Verteilung aber nichts zu tun. Doch als die Bevölkerung dank der Versäumnisse der Regierung immer schwerer hungern mußte, galt ausgerechnet Ballin als der Hauptschuldige dafür. Es war wohl kein Zufall, daß auch die zweite besonders schwierige Aufgabe in Kriegszeiten, der Einkauf von Rohstoffen, an einen jüdischen Unternehmer delegiert wurde, an Walther Rathenau. Auch er erntete alles andere als Dank. Antisemitische Organisationen klagten statt dessen öffentlich und unwidersprochen von offiziellen Stellen über die „jüdische Verfilzung des deutschen Wirtschaftslebens durch das System Ballin-Rathenau".
Der Generaldirektor der Hamburg-Amerika Linie hatte auch noch andere, drückende Sorgen. Eine Großreederei überhaupt am Leben zu halten, kostete etwa vier Millionen Mark monatlich. Sowohl der Hapag als auch dem Norddeutschen Lloyd fehlten die

entsprechenden Einnahmen. Ballin und Philipp Heineken, der Nachfolger des 1909 verstorbenen Heinrich Wiegand, traten daher gemeinsam an die Reichsregierung heran und forderten staatliche Hilfe. „Ich bin der Ansicht“, schrieb Ballin an den Kollegen, „daß der Staat die Pflicht hat, den beiden großen nationalen Gesellschaften angesichts dieser ungeheuren durch den Krieg erzeugten Schäden beizuspringen. Sie wissen, daß ich mich stets gegen jede Staatshilfe gewehrt habe; hier scheint es sich für mich aber um eine verfluchte Pflicht und Schuldigkeit des Staates zu handeln.“ Nach zähen Verhandlungen fand sich die Regierung bereit, beiden Unternehmen ein monatliches Darlehen von zwei Millionen Mark zu gewähren.

1915 begann Ballin, in Berlin für ein Kriegs-Entschädigungsgesetz zugunsten der Schiffahrt zu kämpfen. Bei Regierung und Marine stieß er damit auf Unverständnis. „Ich wünschte“, so Ballin bitter, „man hätte die führenden Männer der Reedereien eher gehört, wie ich es denn überhaupt für einen großen Fehler halte, daß man in diesem dümmsten Kriege, den die Weltgeschichte je gesehen hat, die erfahrenen Kaufleute so wenig beachtete.“

Schließlich gelang es doch, die Mehrheit des Reichstages auf die Seite der Reedereien zu ziehen. Im November 1917 trat das Schifffahrts-Entschädigungsgesetz in Kraft. Es sah vor allem hohe, teilweise zinslose Neubaudarlehen nach Kriegsende vor und wurde die Grundlage des Wiederaufbaus der deutschen Handelsflotte in der Weimarer Republik.

Jetzt, da das Überleben der Hapag vorerst zumindest finanziell gesichert schien, hatte Ballin noch mehr Zeit für hektische, zunehmend verzweifelte Aktivitäten, die alle nur ein Ziel hatten: diesen Krieg so schnell wie möglich zu beenden. Er wurde ein ständiger Gast in der Wilhelmstraße, überschüttete Politiker, Militärs und Geschäftspartner mit Briefen, Eingaben und Memoranden und unterstützte noch den abwegigsten Vermittlungsversuch. Wieder und wieder schlug er vor, den Konflikt doch so zu lösen, wie er selbst Streitigkeiten in Poolverhandlungen zu schlichten pflegte: mit einem sorgsam ausgehandelten Kompromiß, der für alle am Krieg beteiligten Mächte akzeptabel war.

Schon acht Wochen nach Kriegsausbruch schrieb er ein langes Memorandum an seinen alten Feind Admiral Tirpitz: „Was wir anstreben müßten, ist eine Neugruppierung in Form eines Bündnisses Deutschland – England – Frankreich. Dieses Bündnis wird zu haben sein, sobald Sie sich entschlossen haben, mit England eine Verständigung über den Flottenbau herbeizuführen. Ich weiß, daß dieser Gedanke Ihnen wenig sympathisch ist, aber ohne eine Übereinkunft in Bezug auf die Flotte werden Sie England niemals zu einem vernünftigen Friedensschluß bringen können. Einen vernünftigen Friedensschluß nenne ich ein solches Abkommen, mit welchem Deutschland und England ehrenvoll nach Hause gehen können, und welches weder bei der einen noch bei der anderen Nation einen Haß zurückläßt, der den Boden schon bereitet für den nächsten Krieg. Ich kann von meiner Ansicht nicht loslassen, daß ein faires Abkommen mit Bezug auf den Kriegsschiffsausbau für Deutschland ebenso wichtig ist wie für England."

Das war im Oktober 1914, als im siegestrunkenen Deutschen Reich allenfalls erörtert wurde, ob man irgendeinen Teil der Welt nicht besetzen wolle. Vor allem die Alldeutschen taten sich mit maßlosen Forderungen hervor, und Ballin kommentierte mit bitterem Sarkasmus: „Wenn wir, wie diese Herren meinen, mit einer großen Truppenmacht nach England hinüberkönnten, und England, wie der schöne Ausdruck lautet, auf die Knie zu bringen vermögen, bin ich auch mit Begeisterung dafür, daß wir nicht nur Belgien und die französische Kanalküste, sondern auch England behalten, es von seinen Bewohnern evacuieren, die wir ja leicht im französischen Kamerun unterbringen könnten, und so uns Großbritannien als eine angenehme Kolonie angliedern. Ich kann nicht einsehen, warum die Alldeutschen, wenn sie ihrer Fantasie die Zügel schießen lassen, so bescheiden sind.

Eine andere Frage ist wirklich die, wer von den Männern, die heute im Hauptquartier sitzen, die Kraft und die Klugheit hat, einmal erfolgreich den Frieden zu verhandeln."

Mit diesem letzten Satz traf der Generaldirektor, gelinde gesagt, nicht ganz den Zeitgeist. „Gott strafe England" war eines der populärsten Schlagworte der rauschhaften ersten Kriegswochen. Der Kaiser verlieh dem Dichter dieser Zeilen den Roten Adlerorden. Er selbst verabschiedete sein Erstes Garderegiment mit den Worten: „Dafür bürgt ihr Mir, daß Ich den Frieden Meinen Feinden diktieren kann. Und jetzt wollen wir sie dreschen!"

Die Schiffe der Hapag, die nicht in Marinediensten waren, rosteten verlassen an der Kette. In Hamburg sackte der „Imperator" allmählich sieben Meter tief in den Schlamm des Kuhwerderhafens. Daß seine Ausfahrt Ende Juli 1914, nach einer dramatischen

Nachtsitzung in Ballins Haus, verschoben worden war, war für die Öffentlichkeit eines der ersten Zeichen gewesen, daß es wirklich ernst wurde. Die halbfertige „Bismarck“ wartete am Ausrüstungskai von Blohm & Voss. Die nagelneue „Vaterland“ schließlich, das Flaggschiff der Hamburg-Amerika Linie, lag auf der dritten Reise in New York fest.

Ballin hatte schon kurz nach Kriegsausbruch einen Teil seiner brachliegenden Energie einem anderen Projekt gewidmet. Er ließ den Hapag-Vertreter in Berlin, Arndt von Holtzendorff, dessen Bruder Admiral war und der über beste Verbindungen in der Reichshauptstadt verfügte, in einer Wohnung in der Victoriastraße einen regelmäßigen Gesprächskreis etablieren. Diese Einladungen zu zwanglosen Unterhaltungen, auch im Krieg umgeben vom legendären Hapag-Service, erfreuten sich bei Journalisten, Politikern und Wirtschaftsvertretern größter Beliebtheit. Damit hatte Ballin, der den Arrangements und Gästelisten von Hamburg aus ähnliche Sorgfalt zukommen ließ wie früher seinen Schiffen, einen wichtigen Stützpunkt, sozusagen Auge und Ohr in Berlin. Holtzendorff sollte Goodwill für die Hapag machen, in erster Linie das Schiffahrts-Entschädigungsgesetz diskret unterstützen. So etwas stieß nicht überall auf ungeteilte Zustimmung. „Ich habe mich bisweilen gefragt“, räumte ein Beamter aus dem Innenministerium ein, „ob es eigentlich richtig sei, sich von privatwirtschaftlichen Unternehmen wie der Hapag zu politischen Essen einladen zu lassen. Immerhin sollte man als Staatsbeamter vorsichtig sein. Wo fängt die Korruption an?“

Regierung und Militärs verdächtigten den Kreis bald des in ihren Augen größten Vergehens: des Wunsches nach Frieden um jeden Preis. Einige forderten ein Verbot der „Flaumacher“, doch dazu kam es nicht. Holtzendorff setzte die Treffen bis kurz vor Kriegsende fort. In der Wahl der Gäste und der Themen war er dabei weitgehend frei. Ballin machte ihm nur eine einzige kategorische Vorschrift: Wenn er selber anwesend war, durften keine Sozialdemokraten eingeladen werden.

Doch er war selten anwesend. Ballin bevorzugte einen anderen Treffpunkt in Berlin, ein beinahe privates Zimmer im berühmten Restaurant Hiller, Unter den Linden. Dort war er, ein ebenso kundiger wie kritischer Gourmet, seit vielen Jahren bevorzugter Stammgast. Dorthin lud er seine engsten Freunde, dort erwartete ihn inmitten der ungeliebten, hektischen Reichshauptstadt ein wenig Heimat: erlesenes Essen, beste Weine, eigener Cognac, eigene Zigarren, freundliche Bedienung – alles fast wie auf einem Hapag-Dampfer.

„Bei Hiller" traf sich Ballin auch in den Kriegsjahren weiter mit Theodor Wolff. Im Frühjahr 1915 notierte der Journalist: „Auf Belgien zurückkommend, sagte Ballin: ‚Diese Leute haben gar kein Gefühl dafür, daß das doch eine ungeheure Schweinerei ist, was sie begehen wollen. Man dringt in ein Land ein, das uns wirklich nichts getan hat, denn es ist doch Unsinn, daß es die Neutralität gebrochen hatte. Daß es sich zu schützen suchte, ist doch selbstverständlich, jeder Schuljunge bei uns erzählte ja, daß wir einmarschieren wollten. Und man marschiert nicht nur ein, man verwüstet alles – der Schaden, den wir angerichtet haben, wird auf drei bis vier Milliarden geschätzt. Leute, die in Ostpreußen und Belgien waren, sagen, die Zerstörungen in Ostpreußen seien ein Kinderspiel im Vergleich zu denen in Belgien. Und nachdem man das alles getan hat, will man das Land auch noch einstecken – und empfindet gar nicht, was für eine Schweinerei das ist. Dabei spricht man immer von Recht und Kultur und Moral. Schön ist hier nur das Volk, das untere Volk, das ist wirklich mit seiner Seele dabei – alles, was darüber hinaus ist, hat keinen Funken davon.'"

Statt, wie die Seekriegsleitung erwartet hatte, nur die deutschen Flußmündungen zu blockieren, hatte Großbritannien im Oktober 1914 die gesamte Nordsee zum Kriegsgebiet erklärt und Deutschland damit wirkungsvoll von der offenen See abgeschnitten. Anfang 1915 verfaßte Ballin darum für die „Frankfurter Zeitung" einen Artikel unter der Überschrift „Das nasse Dreieck", in dem es unter anderem hieß: „Die arge Belästigung, welche unseren Überseehandel fast zum Stillstand bringt, ist nur dadurch für die englische Flotte zu erreichen, daß das Gebiet der Nordsee sich als leicht absperrbar erwies. Deshalb müssen wir hinaus, noch über das Gebiet der Nordsee hinweg und uns einen Flottenstützpunkt suchen, der in Zukunft uns wenigstens in diesem Teil der Welt die gleichen Möglichkeiten sichert, wie England sie besitzt und rücksichtslos ausbeutet."

Ballin sprach sich zwar dafür aus, belgische Häfen unter deutsche Kontrolle zu stellen, um Deutschland diesen Flottenstützpunkt außerhalb der Nordsee zu sichern. Annektionen fremden, vor allem belgischen Staatsgebietes jedoch lehnte er weiter kategorisch ab: „Es ist ja ein toller Gedanke, ein Land behalten zu wollen, das man wortbrüchig überfallen hat, und selbst wenn man auf die englischen Sentiments nicht viel Wert legt, wird man doch verstehen müssen, daß aus rein praktischen Erwägungen die englische Politik uns Belgien nicht opfern kann."

„Er traut dem Frieden nicht": Schon 1911 scheint der mächtigste Mann Hamburgs weit mehr von Skepsis und Sorge als von satter wilhelminischer Selbstgefälligkeit geprägt. Drei Jahre später sieht Ballin sein Lebenswerk zerbrechen.

Dennoch brüskierte er Wolff im Sommer 1915 damit, daß er seine zunächst zugesagte Unterschrift unter ein Manifest zurückzog, in dem jede Art von „Annektion oder Unterdrückung unabhängiger und selbständiger Volksteile" ausdrücklich abgelehnt wurde. Er unterstütze zwar diese Forderung, aber der Kanzler habe ihn gebeten, nicht zu unterschreiben. Wolff erwiderte verärgert, „daß er Ballin sei und doch auf den Kanzler nicht zu hören brauche. Im übrigen sei er ja, wie er in seiner Rede vor den Hamburger Reedern gesagt habe, sogar für die Annektion von Cherbourg oder Boulogne sur Mer. Wie er dort hin zu kommen gedenke? Er entgegnete, die Rede sei nicht für die Öffentlichkeit bestimmt gewesen, es sei ihm lieb, daß die Zensur die Wiedergabe verhindert habe. Er sieht das einzige Mittel, den Krieg zu beenden, in einem Durchstoß im Westen. Der Gedanke sei entsetzlich, aber er sehe keine andere Möglichkeit."

Der scharfsichtige Journalist vermutete hinter den Ausflüchten auch noch andere Gründe: „Er wollte sich seine Wege möglichst von Verpflichtungen freihalten, und die Aufforderung, einen Standpunkt zu wählen, war ihm unbequem. Obgleich er in jeder moralischen Beziehung bis zur Empfindlichkeit auf Sauberkeit hielt und ein starkes Rechtsempfinden hatte, betrachtete er Politik nicht nach Prinzipien, und wahrscheinlich sah er in der Betonung einzelner Grundsätze eine unweltmännische Pedanterie. Er figurierte auch nicht gern in der Menge, selbst dann nicht, wenn es eine recht gewählte Gesellschaft war. Brauchte man den Tell zu bestimmter Tat, so konnte man auf ihn zählen, doch dem Rütli blieb er fern."

Doch zweierlei stand für Ballin immer unverrückbar fest: Der mörderische Krieg sollte so schnell wie möglich beendet werden, und danach mußte eine Einigung, möglichst ein Bündnis, mit England Priorität haben. Die offizielle Politik sah anders aus. Nach einer Rede Bethmann-Hollwegs stöhnte Ballin: „Der Kanzler kann sich nicht darüber wundern, daß auch Rußland nichts von seinem Frieden wissen will, wenn er in seinen Reichstagsreden schon Polen annektiert. ‚Die Freiheit der Meere' will er haben, was heißt das? Im Frieden ist das Meer immer frei, im Krieg wird es immer wieder von der stärksten Flotte beherrscht werden."

„Flaumacher! Undeutscher Pazifist! Eigensüchtiger anglophiler Schiffsreeder!" nannte man Ballin im offiziellen Berlin. Vor allem der Vorwurf, eigensüchtige Interessen zu verfolgen, kränkte den Reeder zutiefst. Er litt schwer darunter, daß nun gerade ihm der Patriotismus abgesprochen wurde. Als kluger und weitsichtiger Kaufmann hatte er kein Verständnis für chauvinistische Haßpropaganda. „Ich will nichts mehr für mich", schrieb er einmal, „aber wenn ich an meine Hapag denke, dann ist es schwer, sehr schwer, nicht zu heulen."

Deutschland als Weltmacht – dieses Ziel zu erreichen, waren die Kriegstreiber angetreten, und sie waren bereit, andere jeden Preis dafür zahlen zu lassen. Da war für sie ein Mann wie Ballin, der mahnte und warnte, nur ein Störenfried, ein „seniler Pazifist". Der Reeder fühlte sich schließlich so bedrängt, daß er einen langen Brief an Admiral von Müller, den befreundeten Chef des Marinekabinetts, verfaßte, in dem er unter anderem schrieb: „Ich möchte Ihnen noch mitteilen, daß ich mich entschlossen habe, nach dem Friedensschluß mich aus meinem Amte zurückzuziehen. Ich schrieb Ihnen ja schon nach Beginn des Krieges, daß mein Lebenswerk zerbrochen ist. Man müßte mir schon meine Jugend wiedergeben können, wenn ich mir die Aufgabe zutrauen sollte, in der internationalen Schiffahrt die Stellung wieder zu erringen, die ich besessen habe. Ich kann es mir überhaupt nicht denken, daß ich wieder nach London reisen sollte und den Präsidentensitz einnehmen in der Beratung der großen Fragen der Weltschiffahrt. Aber in meinen alten Tagen die zweite Violine zu spielen, das kann mir niemand zumuten."

Albert Ballin, immer schon launisch und nervös, wurde in den Kriegsjahren für seine Umgebung gelegentlich unerträglich. Nicht einmal tagsüber kam er jetzt mehr ohne Beruhigungsmittel aus. Bromwasser und Veronal standen stets für ihn bereit, die Schubladen seines Schreibtischs waren voller Tabletten. Jäh, grundlos und ohne Hemmungen begann er zu toben, schrie seine Mitarbeiter an, versuchte dann bestürzt, sie und sich wieder zu beruhigen – und griff zum Bromwasser. „Ich habe nun einmal das Unglück, in überzeugtester innerer Opposition zu allem zu stehen, was ‚man' allgemein über den Krieg, seine Entstehung, seinen Verlauf und seine voraussehbaren Folgen denkt", schrieb er an Wolff. Man habe „nur das Recht, mit Geduld und ungetrübtem Vertrauen zu der hohen Kunst unserer Regierenden aufzusehen. Jeder Zweifel, jedes Mißtrauen ist ja als staatsgefährlich vom Generalkommando verboten und wird mit dem Schimpf des Miesmachens und der Vaterlandslosigkeit belegt."

Von Staatssekretär Gottlieb von Jagow wurde der Reeder im Frühjahr 1916 noch einmal ins Auswärtige Amt gebeten, um an einer diplomatischen Note an die USA mitzuwirken. Doch dann empfing Jagow den wartenden Generaldirektor nicht, angeblich aus Zeitmangel. Der brüskierte Ballin wurde daraufhin rückhaltlos deutlich: „Ich habe jede Nachsicht für einen Mann, der wie Euer Exzellenz so schwer belastet ist und die entsetzliche Verantwortung zu tragen hat für die Inscenierung eines Krieges, der Deutschland Generationen prächtiger Menschen kostet und es um 100 Jahre zurückwirft."

Als Jagow ihn später noch einmal zu einer Besprechung einlud, antwortete Ballin eisig: „Auch ich habe mehr zu tun, als zu warten, bis es Ihnen paßt. Und zweitens will ich nichts mehr mit einem Mann zu tun haben, der an diesem ganzen ungeheuren Unglück und dem Tod von soviel hunderttausend Menschen schuld ist."

„Die beiden Juden natürlich dagegen"

„Ich bin nicht nur so sehr in Anspruch genommen, sondern auch so trüb gestimmt, daß ich schon der Infektionsgefahr wegen Menschen fern bleibe, die ich lieb habe ... Mit meinen trüben Gedanken über Krieg und Kriegsgeschrei will ich Sie nicht öden. Ich kann nur immer sagen: Ich mag nicht mehr ..."

Passagen aus Ballins Briefen dieser Zeit. Unentwegt versuchte er aber weiterhin, gegen „Krieg und Kriegsgeschrei" anzugehen. Mal verhandelte er in Wien, mal in Dänemark. Er versuchte, den Papst als Vermittler zu gewinnen und die Stimmung in den feindlichen Hauptstädten erkunden zu lassen. Immer wieder warnte er davor, den Kriegseintritt der Vereinigten Staaten zu provozieren. Von Ballin, so berichten mehrere Zeitgenossen ohne nähere Angaben, sei einer der aussichtsreichsten Vermittlungsversuche überhaupt initiiert worden. Der scheiterte an dem von den Deutschen Ende Januar 1917 erklärten unbeschränkten U-Boot-Krieg, den der Reeder für Wahnsinn hielt, schon deshalb, weil daraufhin die USA zum Kriegsgegner werden mußten.

Noch zwei Jahre zuvor hatte auch er gehofft, daß eine Unterseeboot-Blockade der britischen Inseln das geeignete Mittel sein könnte, Großbritannien an den Verhandlungstisch zu zwingen, und enthusiastisch hatte er Tirpitz' ehrgeizige Pläne unterstützt. Doch nur für kurze Zeit. Im Frühjahr 1915 war Ballin klar, daß von einem Erfolg dieser Strategie nicht die Rede sein konnte, sondern daß die U-Boot-Attacken lediglich den britischen Durchhal-

tewillen stärkten und das Klima in Europa weiter vergifteten. So kehrte er schnell zu seiner Auffassung zurück, daß eine Verständigung mit Großbritannien der einzige mögliche Ausweg aus dem Wahnsinn sei, den er im Oktober 1915 so beschrieb: „Es ist doch, als ob man in einem Tollhause lebte, wenn man bedenkt, daß die Großmächte Europas sich bemühen, Europa in einen Trümmerhaufen zu verwandeln zugunsten von Amerika und Japan."
Im Frühjahr 1916 trat Admiral Tirpitz nach einem Streit mit dem Reichskanzler zurück. Ballin war entsetzt. Zwar hielt er Tirpitz für einen der Hauptschuldigen an dem Desaster, fand aber, er sei immerhin fähiger als der Rest seiner Kollegen, in der Bevölkerung sehr beliebt und damit unentbehrlich. Nun wurden, vermutlich sogar von dem Admiral selbst, giftige Gerüchte lanciert: Der ja bekanntermaßen englandfreundliche Hapag-Chef sei „der böse Geist" in dieser Angelegenheit gewesen. Der „Flaumacher" habe nicht nur den Mißerfolg der Unterseeboot-Kampagne zu verantworten, sondern auch den Volkshelden Tirpitz hinter den Kulissen gestürzt. Das Echo in der Öffentlichkeit war wunschgemäß: Noch Wochen später warnte der liberale Politiker Gustav Stresemann Ballin vor überall in Berlin gegen ihn umlaufenden Morddrohungen.
1917, als die unmittelbare Gefahr bestand, die USA in die Auseinandersetzung hineinzuziehen, schien Ballin dennoch die Zeit gekommen, offen Front gegen den unbeschränkten U-Boot-Krieg zu machen. Wieder einmal fuhr er nach Berlin. „Ich habe fast kniefällig gebeten", schrieb er später an Rathenau, „aber es war alles vergebens, da man mir antwortete: ‚Das Volk verlangt es'. Man lachte mich aus, lächelte über Amerika und geringschätzte die Gefahr. Würden die Herren heute noch lachen? Gestatten Sie mir zu behaupten, daß die Teilnahme Amerikas am Kriege unseren Untergang bedeuten würde. Unser Volk kennt den amerikanischen Charakter schlecht oder zu wenig. Die Amerikaner wären niemals an der Seite unserer Feinde in den Krieg gezogen, wenn sie nur den geringsten Zweifel an der Gerechtigkeit ihrer Sache gehabt hätten." Rathenau, der ebenfalls gewarnt hatte, überlieferte später die lapidar-verächtliche Reaktion des Generalstabs: „Die beiden Juden natürlich dagegen."
So kam es, wie es kommen mußte: Am 6. April 1917 erklärten die Vereinigten Staaten Deutschland den Krieg. Ballin hatte wenige Tage zuvor prophezeit: „Von der Hamburg-Amerika Linie wird

nicht viel nachbleiben. Was das für mich bedeutet, der ich 30 Jahre lang an diesem Werk gebaut habe, brauche ich nicht zu sagen."
Die Herren des Generalstabs tönten weiter laut von einem glorreichen Siegfrieden und spotteten über die Verzweiflung des „abgewimmelten Wasserjuden". Vom Kaiser hielt man ihn fern, denn, wie ein Hofbeamter zu Ballin sagte: „Der Kaiser darf so etwas nicht hören, sonst verliert er die Nerven!" Ballins Urteil: „Keiner sagt ihm die ganze Wahrheit, die meisten sagen ihm nicht mal die halbe Wahrheit, und sehr viele belügen ihn. Das ist die Situation ... Der Kaiser lebt in ‚a fools paradise' – und der größte Teil des Volkes mit ihm."
Doch noch immer sah der Hapag-Chef eine letzte Möglichkeit, das bevorstehende Unheil abzuwenden: Deutschland mußte schnell den Weg für Verhandlungen freimachen. Die starre Haltung der Militärs und der von ihnen dominierten Regierung war für ihn unerträglich. „Kein anderer Mann, mit dem ich während des Krieges gesprochen habe, war in solchem Grade verzweifelt über das Unglück Deutschlands", schrieb Bernhard Guttmann, der Hamburger Korrespondent der „Frankfurter Zeitung". „Im Direktoriumspalast der Hamburg-Amerika Linie schien er ganz allein zu sitzen, das Personal war im Schützengraben. Er verwünschte Tirpitz und die Alldeutschen. Seine Ausdrucksweise war heftig, sonst hatte er gewählt und besonnen gesprochen. Die Monarchen suchte er zu entschuldigen, keiner habe den Krieg gewollt. ‚Den Krieg wollten bei uns der Kronprinz, Tirpitz und der General Falkenhayn.' Sechs bis acht Idioten seien schuld daran."
Ballin gehörte auch zu den wenigen, die den Stimmungsumschwung in der Bevölkerung sehr genau registrierten und ernst nahmen. „Wenn der Friede nicht bald von oben kommt, dann kommt er von unten", sagte er zu einem mit ihm befreundeten Journalisten. In einem Brief an Francke schrieb er: „Der Frieden ist im Anmarsch; wird er nicht von den Machthabern gemacht, so machen die Völker ihn. Der Zustand wird selbst für diese Lämmerherde nicht länger erträglich."
Bei einem derartigen Frieden aber, so fürchtete er, würden zumindest die Sozialdemokraten, vermutlich sogar radikalere Gruppen die Macht übernehmen: „Erfahrungsgemäß siegen in Revolutionen immer die schneidigsten und rücksichtslosesten Elemente." Davor hatte er Angst.

„Wenn der Krieg zu Ende ist und die Sozialdemokratie ihre Leute demobilisiert“, hatte Ballin schon 1917 an den Chef des Zivilkabinetts geschrieben, „und eines abends 10 000 Mann, geschmückt mit eisernen Kreuzen, in großen Demonstrationen auftreten läßt, so ist kein Halten mehr. Man sagt mir zwar, im Zeitalter des Maschinengewehrs gebe es keine Revolutionen. Ich glaube nicht daran, ich glaube es noch weniger, seit wir die Ereignisse in Petersburg kennen. Daß das regierende Haus so sang- und klanglos verschwindet, gibt doch viel zu denken.“ Nach einem Gespräch über Hochadel und große Potentaten bemerkte der Hapag-Chef lapidar: „Es wird bald vorbei sein mit den großen Potentaten.“

„Es wird keine Freude mehr sein, in dieser neuen Welt zu leben“

Im Herbst 1918, als die deutschen Armeen geschlagen waren, suchte der Generalstab dringend jemanden, der dem Kaiser diese unerfreuliche Tatsache klarmachen sollte. Keiner der Militärs, die so lange markig von „Siegfrieden oder Untergang“ getönt und Millionen in in den Tod geschickt hatten, fand dazu den Mut. So entsannen sie sich des „abgewimmelten Wasserjuden“. Ballin lehnte die „peinliche Mission, die man mir zuzuschieben trachtet“, zunächst ab, hatte man ihn doch jahrelang absichtlich vom Monarchen ferngehalten.

Schließlich ließ er sich doch überreden und verfaßte ein Memorandum. Er forderte darin, die deutsche Verfassung zu reformieren und zu modernisieren. Vor allem aber müßten die vom amerikanischen Präsidenten Wilson als Bedingung für ein Kriegsende aufgestellten Forderungen akzeptiert werden, denn „die Amerikaner befinden sich in der Maienblüte ihrer Kriegslust, wir befinden uns im Spätherbst unserer Leistungsfähigkeit. Einen militärischen Sieg über 4/5 der Menschheit gibt es nicht. Jeder Tag, der Deutschlands Erschöpfung vertieft, wird Verhängnis.“

Das Dokument endet mit den Sätzen: „Was zugestanden werden muß, werde früh, ehrlich und öffentlich gewährt. Mit Schieberkünsten sind große Geschäfte nicht zu erreichen. Mit technischen Kniffen und Unehrlichkeiten kann man Welttragödien nicht zum Abschluß bringen.“

Der letzte Besuch Ballins beim Kaiser am 5. September 1918 auf

Schloß Wilhelmshöhe bei Kassel geriet zum Fiasko: „Ich fand den Kaiser wieder sehr mißorientiert und in der gehobenen Stimmung, die er gern in Gegenwart eines Dritten zeigt."

Dieser Dritte war des Kaisers neuer Kabinettschef Friedrich Wilhelm von Berg, der, ebenso wie die Kaiserin, Ballin vorher lange bedrängt hatte, den Monarchen auf keinen Fall zu „betrüben", er habe gerade einen Nervenzusammenbruch hinter sich. Der Kabinettschef ließ die beiden Männer auf einem Spaziergang keine Sekunde allein, „und wo ich zu freiheitlich wurde", notierte Ballin, „griff er geschickt ein und erklärte mir, als der Kaiser gegangen war, man dürfe den Kaiser nicht zu pessimistisch machen."

„Der Kaiser", schrieb ein Augenzeuge, „machte einen sehr lebhaften, Ballin einen sehr niedergeschlagenen Eindruck. Zwischen den beiden redete Herr von Berg, ohne aufzuhören – und so ging es eine lange Zeit weiter." Der Hapag-Chef sprach zwar dennoch von seiner „großen Besorgnis" und plädierte eindringlich für Verhandlungen, doch dabei blieb es. Wieder in Hamburg, schrieb er an Harden: „Sie werden mich für einen Esel oder einen Schlappier halten, weil ich die Hauptsache nicht erreicht habe."

Er habe jetzt die Hoffnung aufgegeben, sagte Ballin anschließend, und Wolff berichtete: „Ich habe Ballin noch einmal, und zum letzten Mal, an einem Abend im Oktober gesehen. Er hatte meine Frau und mich gebeten, mit ihm zu essen, und wir saßen wieder in dem Hinterzimmer bei Hiller, wo in den vier Kriegsjahren so viel über die Dinge und die Menschen, über die Fehler und die Schuldigen, über die täuschenden Siege, die noch denkbaren Chancen und den unaufhaltsamen Niedergang gesprochen worden war. Ballin war wie eingesponnen in Schwermut, er sah schlecht aus, die früher so frische braune Gesichtsfarbe war, da er nicht mehr durch den Meerwind fahren konnte, schon seit langem abgeblaßt, die Fältchen hatten sich vertieft. Aber er war bei aller müden Gedrücktheit noch galant und ritterlich."

Daheim in Hamburg erwartete den Reeder noch ein persönlicher Schock. Als er, wie so oft, mit Max Warburg auf dem Alsterdamm spazierenging, trafen die beiden dessen Sohn Erich, Ballins sehr geliebtes Patenkind. Der Achtzehnjährige war eben eingezogen worden. „Als Ballin mich in Uniform da stehen sah, brach er in Tränen aus", erinnerte sich Eric M. Warburg später, „weil er ja wußte, daß alles verloren war und befürchtete, daß mein Jahrgang noch als letzter geopfert werden sollte."

Daß dieses Opfer in jeder Hinsicht vergeblich sein würde, wußte Ballin genau. Im Oktober 1916 hatte die Regierung eine offizielle „Judenzählung“ in den Streitkräften angeordnet – angeblich, um dem wachsenden Antisemitismus, den Gerüchten, jüdische Deutsche würden sich vor dem Fronteinsatz drücken, den Boden zu entziehen. Der Effekt war natürlich gegenteilig. Diese Diskriminierung war ein Schlag ins Gesicht der deutschen Judenschaft. Max Warburg, der beim Reichskanzler intervenierte, war einer der Wortführer des vergeblichen Protestes gegen die „Ausnahmebestimmungen“ gewesen. Spätestens jetzt mußte auch dem glühendsten Patrioten klar sein, daß die Zuneigung der deutschen Juden zu ihrer Heimat in keiner Weise erwidert wurde.

„Ich bin von einer tiefen Melancholie erfaßt, aus der ich mich gar nicht wieder lösen kann.“ Dieses 1916 entstandene Porträt des müden und gebrochenen Neunundfünfzigjährigen ist das letzte offizielle Bild des Generaldirektors. Danach hat sich Ballin nicht mehr fotografieren lassen.

Am 1. November 1918 zog Albert Ballin Bilanz. In einem Brief an Holtzendorff schrieb er: „Man kann eine solche Armee und Marine nicht großzüchten, ohne daß sie von Zeit zu Zeit einmal zeigen will, was sie zu leisten vermag. Es ist der von mir so oft gebrauchte Vergleich, daß man die Kessel nicht jahraus, jahrein heizen kann, ohne daß der Tag kommt, an dem die Sicherheits-

Ballins Alptraum: Revolution. Im November 1918 bricht die Monarchie zusammen. Hier wird die Garde-Ulanen-Kaserne in Berlin an die Aufständischen übergeben.

ventile reißen und die Maschine von selber losgeht. Den Krieg haben wir gemacht, und der Kaiser, der als Sitzredakteur verantwortlich zeichnet, wird nicht umhinkönnen, abzudanken. Das hätte er schon vor einigen Wochen tun müssen. Strömen die Leute von der Front zurück, dann geht hier alles in Scherben. Der Kaiser ist nicht schuld an dem Krieg, aber das, was der Kronprinz, Tirpitz, Ihr Bruder, Helfferich und die führenden Alldeutschen mit Ludendorff geleistet haben, sollte nicht ungerächt bleiben. Wir haben uns ja alle vor der schreienden Meute verkrochen."
Und diese „schreiende Meute" trat noch einmal mit einer Bitte an Ballin heran. Als schon alles verloren war, suchte ein Vertreter des Großen Generalstabs den Reeder in seinem Hapag-Büro auf und teilte ihm mit, sowohl das Zentrum als auch die Sozialdemokraten seien dafür, daß er die Friedensverhandlungen führen solle. Das wünsche – dringend – auch der Generalstab. Er, Ballin, sei der einzige Deutsche, den die Gegner selbst zu diesem Zeitpunkt noch als Gesprächspartner akzeptieren würden. „Ich habe ihm sagen lassen, daß ich nicht kneifen würde, aber jedem anderen es lieber gönnte", lautet Ballins letzte Aufzeichnung.

Am 8. November 1918 besetzte der Hamburger Arbeiter- und Soldatenrat das Hapag-Gebäude am Alsterdamm. Innerhalb weniger Minuten mußte der Generaldirektor sein Kontor räumen, weil dort die Revolutionäre tagen wollten. Das auffällige Hapag-Haus, Bastion des Großkapitals, Sinnbild der Verquickung von Wirtschaft und Politik, in Hamburg mehr noch als das Rathaus Symbol der hanseatisch-wilhelminischen Epoche, war nun das Hauptquartier eines roten Arbeiter- und Soldatenrates. Ballins schlimmste Träume schienen Wirklichkeit zu werden.

Doch der Unternehmenschef blieb auffällig gelassen, „mit ganz besonders wohltuender Ruhe, verglichen mit der Nervosität der anderen Herren". So empfanden es übereinstimmend alle Mitarbeiter und Freunde, die ihm an diesem Tag begegneten. Sie alle hatten eine völlig andere Reaktion erwartet: cholerische Ausbrüche, Hektik – und Angst, hatte Ballin doch mehrfach gesagt: „Wenn die Revolution kommt, wird man natürlich die Falschen hängen. Darüber bin ich mir ganz klar."

Daß er, den man den „ungekrönten König von Hamburg" nannte, zu diesen Falschen gehören würde, stand für ihn fest. Denn nur wenige wußten um Ballins zehnjähriges Bemühen, den Krieg zu verhindern oder, als er damit gescheitert war, ihn wenigstens schnell zu beenden. In Erinnerung waren allenfalls seine öffentlichen Warnungen vor dem uneingeschränkten U-Boot-Krieg. Für den Durchschnittsbürger war er „der Freund des Kaisers", der Chef der größten Reederei der Welt, für Antisemiten der Inbegriff des jüdischen Großkapitalisten. Kommunisten, aber auch viele Sozialdemokraten und Gewerkschafter sahen in dem autokratischen Generaldirektor den Klassenfeind schlechthin.

Als die Stunde der Revolutionäre gekommen war, ging Ballin zunächst, wie gewohnt, seinen Geschäften nach, so, als seien die Büros der Hapag nicht voller streikender Arbeiter und meuternder Matrosen und Soldaten. Um 14.30 Uhr leitete er, immer noch gefaßt, professionell und „mit geringen Spuren eines elegischen Galgenhumors", wie ein Kollege meinte, eine Krisensitzung des „Vereins Hamburger Rheder" in der Mönckebergstraße.

Einige Tage zuvor schon hatten die Herren im Hapag-Haus die trostlose Lage erörtert. Da hatte der Generaldirektor ein gerahmtes Foto von seinem Schreibtisch genommen und es einem jungen Kollegen mit den Worten gereicht: „Ich wüßte nur einen Mann, der uns vielleicht helfen könnte, und der lebt leider nicht mehr.

Hier ist er ...“ Es war ein Porträt des ehemaligen Lloyd-Direktors Heinrich Wiegand.
Nun wurde darüber diskutiert, wie man möglichst schnell möglichst viele Schiffe bekommen könne, um Nahrungsmittel zu importieren, denn die Bevölkerung hungerte. Die Schiffe lagen zum Teil in neutralen Häfen, viele waren von der Marine beschlagnahmt. Um sie frei zu bekommen, schlug Ballin vor, umgehend mit den neuen Machthabern zu kooperieren, weil das Reichsmarineamt nicht mehr arbeitete. Natürlich müsse man den Hamburger Senat informieren.

Ballins Schreibtisch in seinem Arbeitszimmer in der Feldbrunnenstraße, bewacht von einer Kolossalbüste seines kaiserlichen Freundes. In diesem Raum vergiftet sich der Einundsechzigjährige am späten Nachmittag des 8. November. Am Mittag des 9. November 1918 stirbt er mit dem Kaiserreich.

Zurück im Hapag-Gebäude, sprach Ballin mit einem Freund über den Wiederaufbau der deutschen Handelsflotte nach Kriegsende. Doch dann brach die Fassade von „business as usual“ jäh zusammen. Offenbar kam es unmittelbar nach dem Gespräch zu einer ersten größeren Auseinandersetzung mit einigen der Besetzer.
„Rohe Matrosen mit roten Schleifen und Kokarden bedrohten den feinfühligen, kränklichen Mann mit körperlicher Mißhandlung“, schreibt Bernhard von Bülow. „Sie schrien ihm zu, jetzt breche eine neue Zeit an, eine herrliche Zeit, mit ihm, mit dem Kapitalismus und mit der Hapag sei es vorbei.“
Auch von einer Festnahme, vom Aufhängen an der nächsten La-

terne soll die Rede gewesen sein. Doch Ballin geschah nichts. Er verließ das Gebäude, ein vertriebener Souverän, und ging in der Dämmerung allein und unbehelligt in die Feldbrunnenstraße. Dort erreichte ihn noch ein Anruf des Syndikus des „Vereins Hamburger Rheder" und späteren Senators Peter Franz Stubmann, der ihn wegen der vorausgegangenen Sitzung noch einmal sprechen wollte: „Ich erhielt nach einigem Warten Verbindung mit ihm. Als ich ihm berichtet hatte, sagte er nach kurzem Zögern: ‚Rufen Sie mich morgen früh im Büro nochmals an!' und brach das Gespräch kurz ab, was er sonst nie tat."
Ballin hatte jetzt andere Sorgen. Seine Frau Marianne soll ihn verstört an der Tür erwartet und berichtet haben, anonyme Anrufer hätten gedroht, er werde bald hinter Gittern sitzen. Außerdem sollen Plünderer ins Haus eingedrungen sein, dort randaliert und das Ehepaar bedroht haben. Details sind unbekannt. Als sicher gilt nach Stubmann lediglich, daß Ballin danach Medikamente eingenommen hat: „Er ließ sich in den Stunden der Dämmerung von seinem Diener Karl Fischer ein Glas Wasser bringen, in das er einige Pulver und Tabletten aus der Schublade seines Schreibtisches tat und dann die Flüssigkeit trank. Kurz darauf brach er mit heftigen Schmerzen zusammen."
Viel später berichteten Vertraute, diese Flüssigkeit habe auch „einige Tabletten" Sublimat enthalten – ein tödliches Gift. Stubmann bestätigt das, bestreitet aber dennoch, daß Ballin Selbstmord begangen hat: „Man kann glauben, daß sich der Hausherr, von den Vorfällen angewidert, entschlossen hat, sich durch Schlaftabletten zunächst Ruhe zu verschaffen, daß er dabei aber vielleicht nicht bedacht hat, daß er neben den Tabletten auch Sublimatpulver – wer kann sagen, aus welchem Grunde und zu welcher Zeit – liegen hatte."
Sublimat, Quecksilberchlorid, ist ein stark ätzendes Gift, das niemals im freien Handel erhältlich und auch damals immer unter Verschluß aufzubewahren war. Es wurde ausschließlich zur Desinfektion medizinischer Geräte benutzt. Schon im „Pharmaceutischen Lexikon" von 1898 heißt es unter dem Stichwort Sublimat: „Zur Unterscheidung von Tabletten aus unschuldigen Stoffen sind die Sublimattabletten mit Malachitgrün oder mit Carmin gefärbt."
Es ist daher völlig auszuschließen, daß Ballin eine derart stark gefärbte Substanz mit Schlaftabletten oder anderen Medikamen-

ten verwechselt haben könnte, selbst wenn er in größter Erregung Präparate aus mehreren Packungen genommen hat. Er war lebensmüde und hatte das oft gesagt: „Es ist nichts mehr los mit mir, was ich erleben mußte, war auch genug ‚to kill anybody'." Oder: „Es wird keine Freude mehr sein, in dieser neuen Welt zu leben."

Daß Ballin den Zusammenbruch „seiner" Hapag nicht überleben wollte, hatte er immer wieder angedeutet, daß er sich inmitten einer Revolution vollziehen würde, am meisten gefürchtet. Trotzdem scheint er den Entschluß zum Selbstmord an diesem Tag jäh und aus einer panikartigen Situation heraus gefaßt zu haben, denn sonst hätte er wohl kaum eine derart qualvolle Todesart gewählt. Ballin war noch bei Bewußtsein, gefoltert von entsetzlichen Schmerzen und schweren Magenblutungen, als sein Diener und ein Arzt ihn durch die unbeleuchteten Straßen in die Privatklinik Wünsch am Mittelweg 144 schleppten. Dort wurde ihm der Magen ausgepumpt. Er litt bis Mitternacht. Dann fiel er ins Koma.

Albert Ballin stirbt am 9. November 1918, um 13.15 Uhr. Im Totenschein steht „Verblutung aus Magengeschwür". Die ist von einer Sublimatvergiftung ohne Obduktion nicht zu unterscheiden. Eine Obduktion hat nicht stattgefunden.

Es ist genau die historische Mittagsstunde, in der der sozialdemokratische Staatssekretär Philipp Scheidemann vom Berliner Reichstag aus die Republik ausruft: „Arbeiter und Soldaten! Seid Euch der geschichtlichen Bedeutung dieses Tages bewußt! Der Kaiser hat abgedankt, er und seine Freunde sind verschwunden. Über sie alle hat das Volk auf der ganzen Linie gesiegt! Das Alte und Morsche, die Monarchie, ist zusammengebrochen. Es lebe das Neue, es lebe die deutsche Republik!"

„Für ihn galt das Wort: In serviendo consumor“

Obwohl so gut wie alle Freunde und Kollegen Ballins sofort und ohne allzu große Überraschung von einem Selbstmord ausgehen, wird nach außen hin eisern an einem plötzlichen Herzversagen oder einem Schlaganfall festgehalten. Kronzeuge dieser Version ist Max Warburg, der immer darauf bestehen wird, daß sich sein Freund und Mentor nicht das Leben genommen habe. Ballins Arzt habe ihm versichert, er sei einem Schlaganfall erlegen, erzählt Warburg immer wieder – eine Version, die schon durch Ballins Totenschein, ausgestellt und unterschrieben eben von dessen langjährigem Hausarzt, Professor Schottmüller, widerlegt ist. Doch die letzte, die absolute Konsequenz dieses Endes, die niederschmetternde Bilanz und vielleicht auch die ahnungsvolle Weitsicht, die hinter diesem Freitod stecken, schrecken nicht nur Warburg, sondern das ganze in den Grundfesten erschütterte bürgerliche Hamburg allzusehr.
So wuchern, da man die Tatsachen meidet, die Gerüchte. Noch in den fünfziger Jahren wählt der Schriftsteller Hans Leip in einem auch sonst eher peinlichen Roman über Ballin eine besonders absurde Möglichkeit. Er läßt „des Kaisers Reeder“, eben mit knapper Not dem blutrünstigen roten Pöbel entronnen, hoch über dem nächtlichen Hafen, direkt unter dem Bismarckdenkmal, eine vergiftete Krawattennadel benutzen. Jahrzehntelang bleiben das tragische Ende des Hapag-Chefs – und damit vor allem dessen Ursachen – an der Elbe ein Tabu-Thema.

„Für ihn", sagt Max Warburg 1918 auf einer familiären Trauerfeier für Ballin, „galt das Wort: ‚In serviendo consumor' [Beim Dienen verzehre ich mich]. Die Geschichte wird dereinst erzählen, wie er bis zur letzten Stunde versuchte, den Krieg mit den ihm zu Gebote stehenden Mitteln zu verhüten. Nichts stimmte ihn in den letzten vier Jahren seines Lebens trauriger als die Tatsache, daß er dieser Leidenschaft, sich im Dienste des Vaterlandes und seines Berufes aufopfern zu dürfen, nicht voll nachgehen konnte."
Die Rede wird in den Hamburger Zeitungen abgedruckt, und im „Berliner Tageblatt" erscheint ein Nachruf von Theodor Wolff: „In dieser Stunde kann ich nur mit einem kurzen Wort von dem Freunde Abschied nehmen, der so unerwartet diese wirre Welt verlassen hat. Ich möchte alles an Wehmut, Liebe und Verehrung hineinlegen, was sich in einem Worte zusammenfassen läßt. Ballin war einer jener geistig großen und ganz von Güte erfüllten Menschen, die man nur in seltenen Glücksstunden auf seinem Lebenswege trifft. Er war einer der klarsten Geister, die Deutschland besaß. Es ist ein Unglück für das Land, daß sein Rat verschmäht, sein politisches Verständnis nicht in der rechten Stunde ausgenutzt worden ist. Vergeblich bemühte er sich, den Sinn der Blinden in Berlin aufzuhellen. Die Clique, die den Ausschlag gab, widmete ihm ihre Abneigung und hielt ihn fern. Alles ist eingetroffen, was er prophezeit hat."
Jetzt, kurz nach dem Waffenstillstand, erfährt erstmals eine breitere Öffentlichkeit, daß Ballin nicht nur vor dem Krieg, besonders dem uneingeschränkten U-Boot-Krieg, gewarnt hatte, sondern auch politisch aktiv geworden war. Erst Jahre später wird der ganze Umfang seines Engagements, seines Wirkens bekannt – und ist heute schon fast wieder vergessen. Albert Ballin gilt vor allem als der große Mann der deutschen Handelsschiffahrt, der die Hapag zur größten Reederei der Welt gemacht hat – obwohl sein tragisches Scheitern, in dem sich kommende Katastrophen schon anzukündigen scheinen, in der Rückschau vielleicht noch faszinierender ist als sein blendender Erfolg.
Während am Hapag-Gebäude die roten Fahnen wehen, während die Stadt hungert, friert und von Unruhen erschüttert wird, versammeln sich am Vormittag des 13. November Tausende auf dem Ohlsdorfer Friedhof, um dem Generaldirektor der Hamburg-Amerika Linie die letzte Ehre zu erweisen. Nur der Senat fehlt. Er tagt wieder einmal, doch nicht mehr im Rathaus. Auch dort we-

hen rote Fahnen. In der Nacht hat der Arbeiter- und Soldatenrat das Gebäude besetzt. Es bleibt vorerst eine sehr moderate, eine sozusagen hamburgische Revolution: Vor der Börse und an vielen Geschäftshäusern hängen gleichzeitig zur Ehre Ballins die deutsche und die Stadtflagge auf Halbmast – ungestört.

Auf das Grab des Reeders wird später ein monumentaler Findling gesetzt, der bis heute in schlichten Lettern den Namen trägt, der ein Markenzeichen war: Albert Ballin. Dahinter ein Punkt. Sonst nichts.

Im Bürgertum herrscht Weltuntergangsstimmung. Und es ist das Ende einer Welt, das beklemmende Begräbnis einer Epoche, die noch kurz zuvor so selbstgewiß, so zukunftsträchtig und vor allem so unerschütterlich sicher erschienen war. Am 11. November ist der Waffenstillstand unterzeichnet worden. Das Kaiserreich ist tot, Wilhelm II. hat die Monarchie mit seiner Flucht für immer diskreditiert. In seinen Memoiren wird er den „teuren Freund" später nur kurz und kühl als „Herrn Ballin" erwähnen. Deutschlands Zukunft liegt nicht mehr auf dem Wasser. Die Frage ist in diesen trüben Novembertagen viel eher, ob es überhaupt noch eine hat.

Ein ausgebrannter Traum

Es scheint unvorstellbar, daß es erst gut sechs Jahre her ist, daß Alfred Kerr dem nagelneuen Stolz des Reiches, dem Hapag-Flaggschiff „Imperator“, selbstbewußt mitgegeben hat: „Der Weg vom Urkahn, vom notdürftigen Beförderungsmittel, zu diesem Fahrzeug ist so lang wie der Weg vom kritzelnden Höhlenmenschen zu meinesgleichen – (dacht’ ich in stiller Bescheidenheit).“ Der Weg zurück zum „Höhlenmenschen“, der Weg in die Barbarei, sollte da vergleichsweise kurz sein. Es bedurfte nicht einmal der Lebensdauer dieses symbolträchtigen Schiffes.

Dem Weltbild der herrschenden Klasse des Kaiserreiches und weiter Teile des Bürgertums hatte die verheerende Niederlage 1918 nichts anhaben können. Deutschland, im Felde unbesiegt, nur durch schnöden Verrat im Innern, durch „Novemberverbrecher“ niedergeworfen, von tückischen Feinden in Versailles schuldlos geknechtet – diese Sichtweise stand vor allem für die Verantwortlichen des Desasters ehern fest. „Nie hat eine weltgeschichtliche Katastrophe geringere Veränderungen im hergebrachten Denken der Führenden hinterlassen“, hatte sich die deutsche Zeitschrift „Die Tat“ schon im Kriegsjahr 1917 entsetzt. Nach Kriegsende suchte und fand man – vorzugsweise jüdische – Sündenböcke.

„Wem verdanken wir die militärische Ohnmacht der noch vor kurzem besten Armee der ganzen Welt?“ hieß es bereits im Januar 1919 in einer Annonce der Deutschnationalen Volkspartei, der ehemaligen Alldeutschen unter Karl Helfferich, die vor der Wahl zur Weimarer Nationalversammlung erschien. „Der von Demokraten und Sozialdemokraten verherrlichten Revolution, die mit den Juden Ballin, Kassel, Simon und Jacob Schiffer aus New York die Politik unserer Reichsregierung in der letzten Zeit beeinflußten.“

Das war noch eine vergleichsweise moderate Aussage. Die Hetze wurde immer brutaler, bis die Nationalsozialisten sie später in dem eingängigen Slogan komprimierten: „Die Juden sind unser Unglück!“

1938 neigte sich die Karriere des ehemaligen „Imperator“ dem Ende zu. Er war im Versailler Vertrag als Kriegsbeute den Briten zugesprochen worden, und der „Herrscher“ hatte danach als „Berengaria“ lange und zuverlässig der Cunard Line gedient. Nun wurde das einstige Symbol von Deutschlands Macht und Herrlichkeit nach einem Brand aus dem Verkehr gezogen. Die amerikanische „Leviathan“, die alte „Vaterland“, wurde in diesem Jahr abgewrackt, die britische „Majestic“, ehemals „Bismarck“, war schon 1936 außer Dienst gestellt worden.

In der alten Heimat der drei Schiffe hatte sich zu dieser Zeit die Nazidiktatur längst etabliert. Das erste Hapag-Flaggschiff nach dem Krieg, ein gut 20 000 BRT großer Passagierdampfer, war von Marianne Ballin 1922 auf den Namen ihres verstorbenen Mannes getauft worden. Als der Stolz der Hapag-Flotte auch 1934 noch „Albert Ballin“ hieß, hatte sich ein NS-Amtsträger schriftlich beim „Führer der deutschen Seeschiffahrt“, dem Hamburger Reeder John T. Essberger, beschwert: „Der Träger des Namens Ballin kann im neuen Deutschland nicht gut als historische Person bezeichnet werden, insbesondere bei Bedachtnahme auf sein Ende.“

Essberger hatte die Hapag daraufhin gebeten, ihre Namenswahl noch einmal zu überdenken. Zunächst hatte die Reederei den Druck ignoriert, 1935 dann die „Albert Ballin“ stillschweigend in „Hansa“ umgetauft.

Marianne Ballin hatte das noch erlebt. Sie starb 1936 in Hamburg. Ein Jahr später war ihr Mann, der einmal „die Hapag gewesen war“, auch im eigenen Unternehmen vollends zur Unperson geworden: In einer Chronik zum neunzigjährigen Jubiläum der Hamburg-Amerikanischen Packetfahrt-Actien-Gesellschaft taucht der Name Ballin kein einziges Mal auf.

Alfred Kerr hatte 1933 fliehen müssen, und vielen Freunden Ballins war es noch weitaus schlimmer ergangen. Walther Rathenau war Außenminister der Weimarer Republik geworden und, da er

Herbststimmung: Der „Imperator" 1913 auf dem Weg ins Hamburger Winterdock. Den Bugadler hat ein Atlantiksturm zerschmettert, und der „Kaiser der Meere" wird nicht mehr lange für die Hapag fahren. Im August 1914 wird er in Hamburg aufgelegt, nach Kriegsende den Briten zugesprochen. Als „Berengaria" dient der ehemalige „Herrscher" fortan der Cunard Line. Die Hapag stellt 1922 ein neues, viel bescheideneres Flaggschiff in Dienst. Es heißt „Albert Ballin".

den Versailler Vertrag umsetzen mußte, von Nationalisten und Antisemiten als „Erfüllungspolitiker" geschmäht worden. Nachdem er mit dem Vertrag von Rapallo diplomatischen Kontakt und Handelsbeziehungen zur Sowjetunion aufgenommen hatte, war man zur offenen Mordhetze übergegangen: „Knallt ab den Walther Rathenau, die gottverfluchte Judensau." Im Juni 1922 war der Minister dann tatsächlich auf offener Straße erschossen worden. Max Warburg war als eines der nächsten Mordopfer ausersehen gewesen, war aber von der Polizei informiert worden und hatte sich schützen können. Maximilian Harden, „unser letzter Europäer von Ruf", wie ihn Kurt Tucholsky nannte, hatte neun Tage nach dem Rathenau-Mord von einer „Feme-Gruppe" ebenfalls „liquidiert" werden sollen. Er war mit acht Schlägen auf den Kopf lebensgefährlich verletzt worden und hatte nach dem

Attentat die „Zukunft“ eingestellt. 1927 starb er in der Schweiz. Theodor Wolff war 1933 nach Nizza geflohen. Als die Deutschen Südfrankreich besetzten, wurde er, fünfundsiebzigjährig, verhaftet und so lange in Gefängnissen und Konzentrationslagern malträtiert, bis er 1943 starb.
Max Warburg schließlich hatte 1919 übernommen, was Ballin erspart geblieben war. Er war, ebenso wie Rathenau, Teilnehmer der deutschen Delegation gewesen, die den Versailler Friedensvertrag aushandelte. Dieses später so genannte „Diktat“ erwies sich als genau das, was Ballin immer am meisten gefürchtet hatte: als Abkommen, das „einen Haß zurückläßt, der den Boden schon bereitet für den nächsten Krieg“. Den Bankiers war dabei die besonders undankbare Aufgabe zugefallen, konkrete finanzielle Angebote für Reparationen machen zu müssen. So wurde Warburg zum Sündenbock der Rechten – besonders grotesk deshalb, weil gerade der Bankier immer vehement für die Ablehnung des Vertrages eingetreten war. Warburgs internationale Kontakte und die Hilfe seiner Bank waren entscheidend am Wiederaufbau der Hapag beteiligt gewesen. Sein Haus hatte ihr auch in schlechten Zeiten stets die Treue gehalten.
Doch 1933, die Hapag war, ebenso wie der Norddeutsche Lloyd, nach der Weltwirtschaftskrise in staatlichen Besitz gekommen, war Warburg aus dem Aufsichtsrat der Gesellschaft entfernt worden. Er hatte sich mit einer furiosen, beispiellosen Rede verabschiedet, in der er deutlich darauf hingewiesen hatte, daß nicht einer der neuen Herren am Alsterdamm, wohl aber der verstorbene Albert Ballin Entscheidendes für die deutsche Schiffahrt geleistet hatte. Optimist und Patriot, der er war, hatte Warburg den Nationalsozialismus lange für ein „vorübergehendes Fieber“ einer großen Kulturnation gehalten, obwohl „der Jude Ballin“ längst offiziell als „Verräter“ und „Novemberverbrecher“ geschmäht wurde. Max Warburg, der seine Heimatstadt nie wiedersehen sollte, emigrierte erst 1938 in die Vereinigten Staaten.
Genau 20 Jahre nach Albert Ballins Tod, am 9. November 1938, brennen in seinem so sehr geliebten Vaterland die Synagogen. Zwei Tage vorher hat der ehemalige „Imperator“ seine letzte Reise auf eine Abwrackwerft im nordenglischen Jarrow angetreten. Begleitet wird er von wehmütigen britischen Nachrufen, den Tränen vieler Besatzungsmitglieder und einem höhnischen Kommentar aus der alten Heimat: „Nun wird auch dieser letzte Zeuge

einer schmachvollen Erfüllungspolitik von der Bildfläche verschwinden.“ In jenem Herbst beträgt der Abwrackwert eines ausgebrannten deutschen Traumes, der Schrottpreis des „Imperator“, noch 100 000 Pfund.

Literatur (Auswahl)

Baark, Katharina: Hamburger Häuser erzählen Geschichten, Hamburg 1991

Bülow, Bernhard v.: Denkwürdigkeiten, Berlin 1930/31

Cecil, Lamar: Albert Ballin, Hamburg 1969

Chernow, Ron: Die Warburgs, Berlin 1993

Churchill, Winston: Die Weltkrise 1911–1918, 2 Bde., o. O. 1947

Johann, Ernst (Hrsg): Reden des Kaisers, München 1966

Fischer, Fritz: Der Griff nach der Weltmacht. Die Kriegszielpolitik des kaiserlichen Deutschland 1914/18 (Nachdruck der Sonderausgabe Kronberg 1967), Berlin 1977

Fürstenberg, Hans: Carl Fürstenberg, 1969

Geiss, Immanuel (Hrsg): Juli 1914, München 1965

Gerhardt, Johannes: Albert Ballin, Hamburg 2009

Guttmann, Bernhard: Schattenriß einer Generation, Stuttgart 1950

Haffner, Sebastian: Die deutsche Revolution 1918/19, München 1979

Himer, Kurt: 75 Jahre Hamburg–Amerika Linie, Hamburg 1922

Huldermann, Bernhard: Albert Ballin, Oldenburg 1922

Kludas, Arnold: Die Geschichte der deutschen Passagierschifffahrt, 5 Bde, Hamburg 1990

Kühlmann, Richard v.: Erinnerungen, 1948

Michalka, Wolfgang (Hrsg): Der Erste Weltkrieg, München 1994

Murken, Erich: Die großen transatlantischen Linienreederei-Verbände, Pools und Interessengemeinschaften bis zum Ausbruch des Weltkrieges: Ihre Entstehung, Organisation und Wirksamkeit, Jena 1922
Petzet, Arnold: Heinrich Wiegand, Bremen 1932
Reiners, Ludwig: In Europa gehen die Lichter aus, München 1981
Röhl, John C. G.: Kaiser, Hof und Staat, München 1987
Schölzel, Christian: Albert Ballin (Jüdische Miniaturen Bd. 21), Berlin 2004
Schröder, Gustav: Unter Segeln um die Welt, Hamburg 1936
Straub, Eberhard: Albert Ballin. Der Reeder des Kaisers, Berlin 2001
Stubmann, Peter Franz: Albert Ballin, Hamburg 1926 und 1960
Ullrich, Volker: Kriegsalltag, Köln 1982
Ullrich, Volker: Die nervöse Großmacht, Frankfurt 1997
Vietsch, Eberhard v.: Bethmann-Hollweg. Staatsmann zwischen Macht und Ethos, Boppard am Rhein 1969
Warburg, Eric: Zeiten und Gezeiten, Hamburg 1982
Wiborg, Klaus/Wiborg, Susanne: Unser Feld ist die Welt – 150 Jahre Hapag-Lloyd, Hamburg 1997
Wilhelm II.: Ereignisse und Gestalten, Leipzig und Berlin 1922
Wolff, Theodor: Tagebücher 1914–1919, hrsg. von B. Sösemann, 2 Teile, Boppard 1984
Wolff, Theodor: Der Marsch durch zwei Jahrzehnte, Amsterdam 1936
Zweig, Stefan: Die Welt von Gestern, 1944

Haug v. Kuenheim
Carl Hagenbeck
Reihe Hamburger Köpfe
hrsg. von der ZEIT-Stiftung
Ebelin und Gerd Bucerius
216 Seiten mit 65 Abbildungen
Format 14,5 x 21,5 cm
Leinen mit Schutzumschlag
ISBN 978-3-8319-0182-1

Carl Hagenbeck (1844–1913) – ein Name, den nicht nur jeder Hamburger kennt. Der einstige Fischhöker aus St. Pauli wurde zum größten Tierhändler der Welt, als Erster brachte er sensationelle Völkerschauen nach Europa, er propagierte und setzte die gewaltlose Dressur von wilden Tieren durch. Im Jahr 1907 eröffnete er den für die damalige Zeit revolutionären Tierpark in Hamburg-Stellingen. Wer war dieser Carl Hagenbeck, der ein Stück Hamburger Geschichte verkörpert und dessen einmaliges Werk in der sechsten Generation von der Familie weitergeführt wird? In dieser Biografie des Journalisten Haug von Kuenheim wird Hagenbecks aufregendes Leben nacherzählt.

Susanne und Jan Peter Wiborg
Salomon Heine
Reihe Hamburger Köpfe
hrsg. von der ZEIT-Stiftung
Ebelin und Gerd Bucerius
184 Seiten mit 40 Abbildungen
Format 14,5 x 21,5 cm
Leinen mit Schutzumschlag
ISBN 978-3-8319-0466-2

Salomon Heine (1767–1844) war der bedeutendste Hamburger Bankier seiner Zeit. Obwohl ihm das Bürgerrecht zeitlebens vorenthalten blieb, engagierte er sich umfassend für das Gemeinwohl der Stadt. Sein Neffe Heinrich Heine, den eine innige Hassliebe an sein „Stiefvaterländchen" Hamburg band, wäre ohne die Unterstützung des Onkels nie der große europäische Dichter geworden, als den ihn die Nachwelt kennt.
Aus einer Familie jüdischer Hoffaktoren in Schaumburg-Lippe stammend, steht Salomon Heine exemplarisch für den Aufstieg seiner Vorfahren und für die lange, enge Beziehung zwischen Hamburg und Schaumburg. Der Hintergrund des Bankiers und des Dichters ebenso wie das Schicksal einer bemerkenswerten Familie zwischen Hofdienst und Hansestadt werden in diesem Band erstmalig zusammen beschrieben.

Michael Eckert
Heinrich Hertz
Reihe Hamburger Köpfe
hrsg. von der ZEIT-Stiftung
Ebelin und Gerd Bucerius
168 Seiten mit 45 Abbildungen
Format 14,5 x 21,5 cm
Leinen mit Schutzumschlag
ISBN 978-3-8319-0371-9

Der Physiker Heinrich Hertz (1857–1894) hat mit der Entdeckung der elektromagnetischen Wellen seinen Namen unsterblich gemacht. Als Frequenzeinheit (Schwingungen pro Sekunde) ist „Hertz" jedem ein Begriff. Über sein Leben und Werk ist allerdings nur wenig bekannt. Michael Eckert schildert eine außergewöhnliche Wissenschaftskarriere nach der Reichsgründung von 1871. Das Tagebuch von Heinrich Hertz sowie sein Briefwechsel mit dem Elternhaus geben authentische Einblicke in das Leben des Hamburgers, der die Physik revolutionierte. Darüber hinaus wird das Nachleben des Forschers beleuchtet, dessen Verdienste ihm in der NS-Zeit wegen seiner jüdischen Vorfahren streitig gemacht wurden und dessen Werk noch heute für wissenschaftshistorische Debatten sorgt.

Ulrich Höhns
Fritz Höger
Reihe Hamburger Köpfe
hrsg. von der ZEIT-Stiftung
Ebelin und Gerd Bucerius
168 Seiten mit 70 Abbildungen
Format 14,5 x 21,5 cm
Leinen mit Schutzumschlag
ISBN 978-3-8319-0487-7

Als das Chilehaus 1924 fertiggestellt war, da schien es, als krachte ein Stein gewordenes Schiff mit seinem spitzen Bug mitten in die Hamburger Altstadt. Fritz Höger (1877–1949) hat mit dem expressiven Großbau aus Klinkern eines der bis heute markantesten Gebäude der Freien und Hansestadt Hamburg geschaffen und damit seinen Ruhm als Architekt begründet. Ulrich Höhns zeichnet den Berufs- und Lebensweg Fritz Högers nach und erläutert sein großes und vielgestaltiges Werk.

Arno Herzig
Gabriel Riesser
Reihe Hamburger Köpfe
hrsg. von der ZEIT-Stiftung
Ebelin und Gerd Bucerius
188 Seiten mit 52 Abbildungen
Format 14,5 x 21,5 cm
Leinen mit Schutzumschlag
ISBN 978-3-8319-0311-5

Gabriel Riesser (1806–1863) galt im 19. Jahrhundert als einer der bedeutendsten Vertreter des deutschen Judentums. Heute scheint dieser promovierte Rechtswissenschaftler aus Hamburg nahezu vergessen. Doch seine historischen Verdienste sind unbestritten: Sein politisches Engagement, seine Schriften und Reden trugen wesentlich zum Emanzipationsprozess der Juden in Deutschland bei. Als Abgeordneter in der Frankfurter Paulskirche 1848 kann Riesser als einer der Gründerväter unseres modernen demokratischen Staatswesens gelten.
Die Biografie von Arno Herzig zeichnet den Lebensweg eines unermüdlichen „Streiters für Recht und Freiheit“ nach.

Uwe M. Schneede
Philipp Otto Runge
Reihe Hamburger Köpfe
hrsg. von der ZEIT-Stiftung
Ebelin und Gerd Bucerius
208 Seiten mit 66 Abbildungen
Format 14,5 x 21,5 cm
Leinen mit Schutzumschlag
ISBN 978-3-8319-0424-2

Philipp Otto Runge (1777–1810) ist neben Caspar David Friedrich der große Maler der deutschen Romantik. Als Einzelgänger in Hamburg wirkend, schuf er mit seinen realistischen Bildnissen und mit dem als Gesamtkunstwerk konzipierten Zyklus „Die Zeiten“ ein einzigartiges, jedoch unvollendetes Werk: Er starb 1810 im Alter von nur 33 Jahren. Nicht zuletzt dank einer neuen Lektüre der vielen aufschlussreichen Briefe ist es Uwe M. Schneede gelungen darzustellen, dass der Maler in Zeiten tiefgreifender Umbrüche an einem Neubeginn der Kunst arbeitete und damit als Wegbereiter der Moderne zu gelten hat.

Martin Tschechne
William Stern
Reihe Hamburger Köpfe
hrsg. von der ZEIT-Stiftung
Ebelin und Gerd Bucerius
160 Seiten mit 26 Abbildungen
Format 14,5 x 21,5 cm
Leinen mit Schutzumschlag
ISBN 978-3-8319-0404-4

Jeder kennt den IQ, den Intelligenzquotienten, aber kaum einer seinen Erfinder: William Stern (1871–1938). Der Begründer der „differentiellen Psychologie" hat die Sprachentwicklung von Kindern erforscht, die Intelligenz messbar gemacht und Eignungstests entwickelt. 1916 wurde er als Leiter des Psychologischen Instituts nach Hamburg berufen, wo er auch einen entscheidenden Anstoß zur Gründung der Universität Hamburg gab. Hartnäckig bestand William Stern darauf, den Menschen nicht als die Summe seiner per Fragebogen und Reaktionstest erfassbaren Eigenheiten, sondern als unteilbares, einzigartiges Ganzes zu betrachten und zu würdigen. 1933 emigrierte er aus Deutschland und lehrte bis zu seinem Tod an der Duke University in Durham/North Carolina. Die biografische Studie erzählt die Lebensgeschichte eines extrem vielseitigen Wissenschaftlers.

Gabriele Hoffmann
Max M. Warburg
Reihe Hamburger Köpfe
hrsg. von der ZEIT-Stiftung
Ebelin und Gerd Bucerius
248 Seiten mit 33 Abbildungen
Format 14,5 x 21,5 cm
Leinen mit Schutzumschlag
ISBN 978-3-8319-0326-9

Max M. Warburg (1867–1946) war ein herausragender Bankier. Er machte aus dem väterlichen Unternehmen eine der größten Privatbanken in Deutschland und galt als einer der einflussreichsten Finanzexperten der Weimarer Republik. In Hamburg hat er sich unter anderem für die Gründung der Universität und des Überseeclubs engagiert. Nach 1933 half er Zehntausenden von Juden, das Land zu verlassen und dadurch ihr Leben zu retten. 1938 wurde Max M. Warburg zum Verkauf der Bank und zur Emigration in die USA gezwungen. Nach Deutschland kehrte er nicht mehr zurück. Gabriele Hoffmann rekonstruiert die Biografie dieses großen Hamburgers nach neu entdeckten Quellen.

Außerdem lieferbar:

Amandus Augustus Abendroth
Daniel Tilgner 128 S., 22 Abb.
978-3-8319-0223-1
Erik Blumenfeld
Frank Bajohr 128 S., 27 Abb.
978-3-8319-0403-7
Justus Brinckmann
Heinz Spielmann 120 S., 35 Abb.
978-3-8319-0013-8
Joseph Carlebach
Andreas Brämer 216 S., 40 Abb.
978-3-8319-0293-4
Ernst Cassirer
Thomas Meyer 296 S., 45 Abb.
978-3-8319-0217-0
Johan Melchior Goeze
Ernst-Peter Wieckenberg
264 S., 30 Abb.
978-3-8319-0294-1
Gustaf Gründgens
Thomas Blubacher
160 S., 42 Abb.
978-3-8319-0431-0
Eva König
Paul Raabe 144 S., 31 Abb.
978-3-8319-0191-3
Hans Erich Nossack
Gabriele Söhling 224 S., 44 Abb.
978-3-8319-0127-2
Friedrich Christoph Perthes
Inge Grolle 152 S., 44 Abb.
978-3-8319-0183-8
Karl Schiller
Uwe Bahnsen 200 S., 64 Abb.
978-3-8319-0325-2
Hans Schmidt-Isserstedt
Hubert Rübsaat
168 S., 46 Abb. und CD
978-3-8319-0350-4
Georg Philipp Telemann
Eckart Kleßmann
104 S., 42 Abb. und CD
978-3-8319-0159-3
Alfred Toepfer
Jan Zimmermann 220 S., 63 Abb.
978-3-8319-0295-8
Johann Hinrich Wichern
Sigrid Schambach 184 S., 37 Abb.
978-3-8319-0298-9

Bildnachweis

AKG (Archiv für Kunst und Geschichte), Berlin: Titel, S. 12, 53, 115, 135
bildarchiv preussischer kulturbesitz (bpk), Berlin: S. 9, 125
Bilderdienst Süddeutscher Verlag, München: S. 74, 83, 102
Hapag-Lloyd AG, Hamburg: S. 20, 25, 29, 30, 33, 36, 37, 41, 42, 43, 46, 59, 63, 64, 65, 66, 69, 71, 79, 88, 95, 96, 98, 99, 124, 127
Landesmedienzentrum, Hamburg: Titel (Hintergrundfoto)
Das Foto auf S. 17 wurde dem Band entnommen: Susanne Wiborg, Wo er steht, da ist Hamburg – Unbekannte Geschichten bekannter Hanseaten, Christians Verlag, Hamburg 1992

Impressum

Bibliographische Information der Deutschen Nationalbibliothek
Die Deutsche Nationalbibliothek verzeichnet diese Publikation in der Deutschen Nationalbibliographie; detaillierte bibliographische Daten sind im Internet über http://dnb.d-nb.de abrufbar.

ISBN 978-3-8319-0536-2

© Ellert & Richter Verlag GmbH, Hamburg
4. Auflage 2013

Dieses Werk einschließlich aller seiner Teile ist urheberrechtlich geschützt. Jede Verwertung außerhalb der engen Grenzen des Urheberrechtsgesetzes ist ohne Zustimmung des Verlages unzulässig und strafbar. Dies gilt insbesondere für Vervielfältigungen, Übersetzungen, Mikroverfilmungen und die Einspeicherung und Verarbeitung in elektronischen Systemen.

Fachbeirat: Franklin Kopitzsch, Hans-Dieter Loose, Hamburg
Text und Bildlegenden: Susanne Wiborg, Buchholz
Gestaltung: BrücknerAping Büro für Gestaltung GbR, Bremen
Satz: KCS GmbH, Buchholz/Hamburg
Lithographie: Litho Jankowski, Flensburg
Gesamtherstellung: Tutte Druckerei GmbH, Salzweg bei Passau